LA VIE DE SEINT CLEMENT

Anglo-Norman Text Society
Nos. LXIV-LXV
(for 2006-7)

E hefcun penfaſt ꝓ ſei meiſme.
E eint que receuſt baptefme.
A l eueſke zachen uehiſt.
E ſun nun enꝑꝛeuer beriſt.
E que tut en uunel fuſſent.
E inr que baptefme receuſſent.
A pꝛes tiel meiſ dunt dit lur out.
Que niel temuiuer la ne uout.
B apurie neſtut ſerueient.
Ki la uolente en auueient.
Il ne feiſte dunc eſtre tuit.
C ei tenine mettre par tant lui ploue.
Que ſerueient baptize.
E par creſme cunferme.
C umunuun recauerneint.
E par tant ſaliie ſerueint.
D el baptefme aſer lur diſt.
E par quel reiſun iefu criſt.
A o fett tel eſtabliſſement.
Que luun tett baptizer la gent.
Pur fei en eſt li pueple tut.
Quit ſeint pierre tant parle out.
Seint pierre a ſun oſtel alat.
E ſes cumpuinunſ tut apelat.
E quit tut aſemble ierent.
A ceo queil dirett eſcuterent.
Azerte ceo diſt il eſt reiſun.
Que nuſ eium cumpaſſuin.
E ſuient faerum a la gent.
Que ſunun tecruure entent.
Quit il eſt ale auant.
S uſ le denuun aler ſeruant.

ANGLO-NORMAN TEXTS

LA VIE DE SEINT CLEMENT

Edited by
DARON BURROWS
Volume I – Text (1–7006)

LONDON
Published and distributed by the
ANGLO-NORMAN TEXT SOCIETY
from Birkbeck College, London WC1E 7HX
2007

Printed by Nuffield Press Ltd. (Oxford)
Bound by Green Street Bindery, Oxford

FOREWORD

This volume is the first of three presenting an edition of the *Vie de seint Clement* (Dean no. 517; cf. Vising no. 110), an anonymous early thirteenth-century Anglo-Norman text which combines into a single narrative versions of three Latin sources: the Pseudo-Clementine *Recognitiones* and *Epistula Clementis ad Iacobum*, both translated by Rufinus of Aquileia, and the *Passio sanctorum apostolorum Petri et Pauli*, attributed to Pseudo-Marcellus. The *Vie de seint Clement* is extant in one manuscript only, Cambridge Trinity College R.3.46 (622), ff. 122-356, and was copied towards the middle of the thirteenth century. Although the text is incomplete, since the final part of the *Passio* is omitted, it comprises little short of 15000 lines.

The second volume will complete the edition of the text, and the third will contain Introduction, Notes, Glossary and Index of Proper Names. The text has been edited with minimal emendation, and no corrections of a purely metrical nature have been effected. Given the variability of the syllable-count, diaeresis has not been used. All deviations from the letter of the manuscript text are listed at the foot of the corresponding page.

LA VIE DE SEINT CLEMENT

      Li clerc d'escole ki apris unt
      Tant que aukes entendant sunt
      Mult se peinent de livres faire
4   E de sentences en lung traire,
      Que pur mustrer lur saveir,
      Que pur los del siecle aveir.
      Livres funt tut de nuvel,
8   Sis adubbent asez bel;
      Bel escrivent e bel les ditent,
      Mes li lai poi i profitent,
      E clerc i sunt poi amendé
12 Ki en lettrure ne sunt fundé.
      Li clerc meisme ki funt ces livres
      Prest ne sunt ne delivres
      De faire as nunlettrez aprendre
16 E en vulgar cumun entendre
      Que ceo seit que il unt dit
      En lur livres que unt escrit,
      Kar ceo lur suffist asez
20 Que de autres clers seient loez,
      E que ceo peusse estre dit:
      'Bons clers est ki si escrit!'
      Pur ceo que fous est tel purpens
24 De si despendre en nient bon sens,
      E pur ceo que livres sunt asez
      Ki bien suffisent as lettrez,
      Al mien avis mult mieuz serreit
28 E a plus grant pru turnereit
      Si li livre de antiquité
      Ki sunt fait de verité,
      E dunt l'um ad bien entendu
32 Que li auctur sunt bien de Deu,
      En tel language tresturné fussent   *122v*
      Que plusurs genz pru en eussent.
      Ne sui pas de ces lettrez
36 Ki en clergie sunt fundez,

---

20 s *of* clers *reformed from* c

Nepurquant cel poi que sai
De si escrivre en purpos ai
Que clerc e lai qui l'orrunt
40   Bien entendre le porrunt
Si si vilains del tut ne seient
Que puint de rumanz apris n'aient.   ·
Ki veut usdive eschiwir
44   Mette entente de cest oir
Que ceo que dirrai de seint Clement
Turner li peusse a amendement!

Ki veut oir de seint Clement
48   Dunt il fud nez e de quel gent,
De sun pere e de sa mere
E de ses freres en quel maniere
Li uns des autres departi furent
52   E cument puis se recunurent,
A seint Pierre cument turnerent
Par ki tuz se entretruverent?
Ki tut cest saver vuldra
56   Par cest rumanz bien le aprendra.

Uns livres est, meis poi usez,
Ki *Livre Clement* est apelez,
E si ad un autre nun —
60   *Petri Itinerarium* —
Kar cel livre fist seint Clement,
E enz el livre descrit cument
Seint Pierre l'apostle par terre ala
64   E cument il de Jesu Crist parla,   *123r*
Cument a Deu se cunvertirent
Ki l'apostle preechier oirent,
Cum il disputat od Symun —
68   Celui ki Magus out surnun —
Cument il meisme e si frere
Desputerent a lur pere,

---

43 eschiwer   50 i *of* maniere *interlinear addition*   52 recunuerent

E par la doctrine de seint Pierre
72 Tuz unt receu baptistere.
Pur ceo que lungs sunt les sermuns,
E lunges les desputeisuns,
Tut tranlater ne puis mie,
76 Kar mult i ad de astronomie;
Jeo de cel art rien apris n'ai,
Ne puis espundre ceo que ne sai.
Mult lung serreit de escrivre
80 De chief en autre tut cel livre,
Kar bien comprent parchemin
Cel livre escrit en latin.
Tut ausi serreit li rumanz
84 Trop ennuius e trop granz
Si tute la desputeisun
Fust mise en translatiun,
Kar cil ki latin unt en us
88 Asez seivent cum ceo est custus
De bel latin bien translater
E la beauté partut guarder,
Kar tel sentence est mult preisee,
92 Quant en latin est bel mustree,
Ki de asez legier pris serra
Quant autre language la dirra.
Pur ceo larrai les lungs sermuns
96 E les lunges desputeisuns,
E ceo mettrai en escrit   *123v*
Que turner purrad a delit.
De tut le livre ceo cuillerai
100 Dunt jeo nul ne ennuierai,
Meis mult deliter se porrunt
E cil qui lirrunt e qui l'orrunt.
Le ordre e le cumencement
104 Ki est al livre seint Clement
Ne puis guarder pur les sermuns

---

76 de *interlinear addition by corrector*   94 langauage *with second* a *erased*   99 cuillaerai
with first a *expuncted*   100 n *erased between* nul *and* ne

Ki funt granz tresposiciuns,
Kar de grant tresposicium
108 Ne sout venir si ennui nun;
Pur ceo tel ordre i tendrai
Cum jeo mieuz i purverai.
A ceo dire des ore vendrum
112 Que en purpos par Deu avum
Qui primes la chose cumença
E en ordre avant ala.
Ki tut le mund fist de nient
116 Seit a nostre cumencement,
E il nus duinst a chief venir
Sicum li vendrat a pleisir!

Quant nostre Sire, Jesu Crist,
120 Charn en la seinte Virgine prist
E vint en terre pur la salu
De tut le mund ki perdu fu,
En cel tens esteit a Rume
124 Un bien riche e puissant hume:
Apelé fud Faustinien
E en sa lei esteit paien.
Ne sai de lui el descrivre
128 Fors ceo que truvé ai en livre:
Que mult bien fud de l'emperur,   *124r*
Kar ne pout estre senz honur
Ki bien esteit de si haut hume
132 Cum l'emperur fud ja de Rume.
Bien fud de lui e sun parent,
Tut ceo li turnat a amendement:
Bien reesteit des citeeins,
136 Des bas e des suvereins.
Sulung le siecle fud bien lettrez
E a[s] set arz asez fundez.
Pur bien creistre sun honur
140 Femme li dunat l'emperur

111-12 *this couplet and following one interverted*

Ki mult esteit de grant beauté,
De grant richesce, de grant bunté,
E si esteit de grant lignage
144 Sulung l'ancien parage
Que Rumain jadis aveient
Quant en la seignurie esteient
De tut le mund que cunquis eurent
148 Quant en lur grant poesté furent.
La dame out nun Mathidia
E sun seignur mult ama.
Treis enfanz ensemble aveient
152 Dunt li dous gemeaus esteient:
Li uns en fud Faustus numez,
Li autre Faustin fud apelez,
Li tierz fiz out nun Clement.
156 Mult les amerent tendrement
Pere e mere, sis firent nurir
Senz ennui de rien suffrir.

Faustinien aveit un frere,
160 Meis ne fud pas de sa manere;
Mult mustrat male frarie   *124v*
Quant a sun frere quist vilanie.
De sa femme li quist huntage
164 Quant la requist de putage;
De malveisté se entremist
Quant de folie la requist.
Meis ele esteit honeste dame
168 E blescier ne vout sa fame,
Ne cunsentir ne li vuleit
A la folie dunt la hasteit.
Il ne leissa pas atant
172 Que malveistié n'alast querant,
Meis tant cum il plus la requist,
Ele tant plus le cuntredist.
Mult out la dame grant dulur

---

159 Fastinien *with* faustini *added in right margin*

176 De la folie al lecheur,
E en grant purpens esteit
Cument de lui se delivreit.
Nel vout a sun seignur dire
180 Que vers sun frere ne tenist ire,
Kar mult turnereit a vilté
A eus e a lur parenté,
E mult en parlereient gent
184 Si il vist entre eus maltalent,
E turnereit a huneisun
Si gent seussunt la acheisun.
Mult fud la dame en grant penser
188 De sei meisme bien guarder
E de guarder sun seignur
E sun frere de deshonur.
Quant ele vit que li lechiere
192 Ne se retreist pur preere,
E que trestut mist ariere   *125r*
Le honur de sei e de sun frere,
E que tut ne atenist a rien
196 Quanque li diseit de bien,
Pur eschiwir vilanie
Un sunge feinst par grant vezdie,
E a sun seignur ad mustré
200 Le sunge que ele ad cuntruvé.
Ceo dist la dame a sun barun:
'Sire, oez ma avisiun!
Uns deus me aparut en dormant
204 Ki par dit e par semblant
Cumandé me ad e guarnie,
Si jeo vuil tenser ma vie
E la vostre e noz enfanz,
208 Que jeo li seie obeisanz.
D'ici partir en haste dei,
Noz dous gemeaus mener od mei,

---

188 meisme de bien   189 E guarder de guarder   192 retraist *with* a *expuncted and* e *added above*   195 a *of* atenist *interlinear addition by corrector*   198 uedzie   200 ele *added to right of text*   205 e *erased before* e

E dis anz hors demurer
212 E puis par cungié repeirer.
Cumandé read del tierz enfant
Que od vus remaine tresque tant
Que lui vienge a pleisir
216 Que nus ariere devum venir.
E si cuntredit i eit
Que sun cumand feit ne seit,
A turmente e a dulur
220 Trestuz murrum senz retur
Nus meismes e nos treis enfanz,
Cuntre ceo n'iert nuls guaranz.'
Quant la dame out ceo cuntee
224 E que si fud mult afermee,
Faustinien grant duel en out   *125v*
E cuntredire ne l'osout.
Sa femme amad mult lealment
228 E ses enfanz mult tendrement,
E cuntredit nen osa faire
Ki lur turnast a cuntraire,
Kar il quidat que fust verté
232 Quanque la dame out cunté;
Meis cuntruvure tut esteit
Quanque la dame dit aveit.
Faustinien fud mult dolent,
236 Meis aprester fist nequedent
Quanque od sei suelent porter
Cil ki mer deivent passer.
Despenses truvat e serjanz
240 A sa femme e a ses enfanz;
Asez truvat a bel harneis
Summiers, runcins e palefreis,
E dunat as enfançunez
244 Juez asez e beaubelez,
E si bien [de] tut lé purvit

---

215 *first* e *of* uienge *interlinear addition with* uienge *repeated afterwards*   220 retur *written on erasure by corrector*

Que nule rien ne lur faillit.
Puis sis cunduist vers la mer
248   E fist trestut eschiper
Serjans, chevaus e lur agrei,
E quanque durent porter od sei.
Puis sa femme e ses enfanz
252   Fist eschiper tut pluranz,
Si lur dist que a l'ariver
Quant venissent ultre mer,
A Athenes dreit alassent;
256   As escoles demurassent
Pur faire aprendre les enfanz   *126r*
Tut le terme de dis anz.
Le deu ad dunc mult mercié
260   Dunt la dame aveit sungié
Que fait li out merci si grant
Que lui remist un sun enfant.
Bons fud li venz, li tens suef,
264   Atant eissi del port la nef,
E, sigle levé, tant bien vunt
Cum bon vent e bel tens unt.
Quant Faustinien out perdue
268   De la nef trestute la veue,
Ne saveit que faire el
Fors de repairer a l'ostel.
A tel cunfort cum pout se prist
272   Cum a sun fiz ki lui remist.
        La dame se prist a cunforter
Cum femme poet ki est en mer.
Ele e li suen vunt bien siglant
276   Tant cum il unt vent bien portant,
Meis tant unt en mer demuré
Que tut se chanjat li oré.
Aprés le jur vint nuit obscure
280   Ki mult menat dure aventure,

---

262 sun un   263 d *of* fud *written on erasure by corrector*   275 lui   278 ia *erased before*
chaniat

Kar turmente si grant levat
Dunt li plus cuinte s'esmaiat.
Ne pout la nef duree aver
284 Cuntre la force de la mer:
Ne mast, ne corde, ne avirun
Faire n'i pout guarisun;
Ne engin, ne force de mariner
288 A eus sauver n'i out mestier.
La nef en pieces depesça,   *126v*
E a lagan trestut ala
Quanque en la nef esteit mis
292 Si que rien n'i est remis.
De tute cele cumpainnie
Neis un ne guarit od la vie,
Fors la dame e ses dous fiz
296 Ki a peine furent guariz:
Tuz neerent fors ces treis,
Meis tut perdirent lur harneis.
La dame sule fud getee
300 Sur une roche e si sauvee;
Mult li turnat ja a runge
La cuntruvure de sun sunge.
Tut fud turnee a la perte,
304 Poi out drapeaus dunt fust cuverte;
Sur la roche sist tute nuit,
Ne aveit heit nul, ne deduit.
Neiee se fust en la mer
308 Si l'esperance de veer
Ses dous enfanz tenue ne l'eust,
Sei meisme eust morte si ceo ne fust:
Veer les quidat u vif u mort,
312 Pur ceo out aukes de cunfort.

Dé dous enfanz issi avint
Que quant la nef pas ne se tint,
E par force de la turmente

---

298 *r of* harneis *interlinear addition*

316   Perir deveit lur juvente,
           Getee furent sudeement
           Ambedui sur un tablement
           Ki de la nef eslochié fu,
320   E sur ceo se sunt tenu
           E cuntre vent e cuntre wage   *127r*
           Tresque venuz i sunt utlage
           Ki par force e par ravine
324   Destruieient la marine
           E par surfeit et par ultrage
           Trestut viveient de tolage.
           Quant il virent les enfanz
328   En la mer aler wacranz,
           Tut en neiant vers eus se mistrent
           E en lur nef a sei les pristrent.
           Pur la tempeste ne leisserent
332   Que d'iloec ne s'en turnerent,
           E par force de nagier
           Pené se sunt de aprecier
           A une cité renumee
336   Ki Cesaire fud apelee;
           Cele cité par surnun
           Numee fud Cesaire Stratun.
           Li utlage mult turmenterent
340   Les enfanz que il emmenerent
           De feim, de sei e de bature
           E de meinte autre mal' aventure,
           E par manace e par pour
344   Tant les destreinstrent li robbur
           Que descuvrir pas ne oserent
           Dunt il vindrent, ne ki il ierent.
           E que asensé de rien ne fussent
348   Ki aprés eus demandé eussent
           E que l'um nes peust entercier,
           Fait lur unt lur nuns changier,

---

323 e *written on erasure by corrector*   324 *first* i *of* Destruieient *interlinear addition with* i *added in left margin*

E l'un Nicetam apellerent
352 E Aquilam l'autre numerent.
Quant a Cesaire sunt venuz,   *127v*
A une dame les unt venduz —
Vedve esteit e Juste out nun —
356 Ki puis le decés sun barun
Tenue se fud en honesté
E cum paiene en grant bunté.
La dame les ad achatez,
360 Si lur truvat del suen asez
A beivre, a mangier e vesture,
E mult les tint en grant mesure:
Ele les amat cum ses fiz
364 E nient meins nes ad cheriz.
Puis vuleit que seussent lettre
E a escole les fist mettre.
De cler engin ambdui esteient,
368 Ceo que apristrent bien reteneient.
Quant des arz unt bien apris,
De philosophes sunt entremis,
Kar par la philosophie
372 Saver quiderent de l'autre vie,
E de veraie religiun
Que faist a faire e que nun.
        Il aveient un cumpaignun
376 Ki Simun Magus aveit nun;
Mult esteit de male vie,
Meis ne li tindrent cumpaignie
En malvestié li dui frere,
380 Kar Deu amerent en lur maniere.
Nepurquant Simun amerent
Pur ceo que ensemble nurri ierent;
Pur cumpainnie de enfance
384 Vers lui eurent aliance.
Tant se sunt a lui tenu   *128r*
Que pur poi nes out deceu,
Kar il fud nigromancien
388 E mist s'entente en poi de bien.

Mult fist merveilles devant gent,
Mes tut fist par enchantement:
Suvent canjat sun semblant,
392   Ore fud viellard, ore enfant;
Ymages fist par sei remuer
E pierre fist pain resembler;
Chiens de areim feseit baer
396   E les muntainnes granz trembler;
De lieu en autre par le eir volat,
Deable al veir dire le portat.
Merveille asez de tel maniere
400   Asez l'unt veu faire li frere:
Pur ceo quiderent que il dé fust,
E del tut deceu les eust
Si ne fust la merci Deu,
404   Ki venir lur fist Zacheu
Ki cumpaignum fud seint Pierre
E dist que Simun fud trechierre.
Cil de Simun les fist partir
408   E a seint Pierre les fist venir.
Quant a seint Pierre sunt venu,
Od grant joie les ad receu.
Pur les biens que en lui virent
412   E les paroles que il oirent,
Pur les miracles que il fist
Se cunvertirent a Jesu Crist.
Puis receurent baptistere,
416   Desdunc remistrent od seint Pierre.
Li lius u furent pereilliez   *128v*
Andarad esteit apellez:
Une idle fud, enclose de mer,
420   Ne pout huem senz nef entrer.

---

392 ie *of* uiellardore *written on erasure*   395 eit ba *of* feseit baer *written on erasure by corrector who has added* feseit b *(trimmed) in right margin*   399 i *of* maniere *reformed from* e   402 *two letters erased before* eust   406 simu*nn*   419-20 *interversion corrected by letters in left margin*

La dame ki fud perillee
Remise fud mult esguare[e].
Sur la roche remist seante,
424   Tute sule mult weimentante.
Passa la nuit; quant le jur vint,
Sur la roche mes ne se tint:
Lung la marine ala cerchante
428   E ses enfanz partut querante.
Mult mist de querre grant entente,
Mult pleinst suvent lur juvente.
Les cors morz vuleit veer
432   Quant ses fiz vifs ne pout aver,
Meis ne truvat de eus enseigne
Ki a certé gueires ateigne.
Curant i sunt venu gent,
436   E femmes numeement
Del visné i acururent
Ki de lui grant pitié eurent,
Kar mult la virent duluruse
440   E a desmesure anguissuse.
Demandé ad asez a tuz
Si dous enfanz eussent veuz
Ki geté fussent sus al port,
444   U fussent vif u fussent mort.
Meis ne fud huem qui dire seust
Que riem oi u veu en eust;
Desdunc muntat sa dulur
448   Quant del truver ne vit retur.
Les femmes ki la venu ierent   *129r*
De cumforter la se penerent;
Lur aventures li unt cuntees
452   Que par la mer unt encuntrees.
De lur baruns e de lur fiz
E de lur freres qui sunt periz
E de autres amis unt dit asez
456   Ki en la mer furent neiez;
Par lur dulur remenbrer
Le suen vuleient asuager.

Meis ele n'esteit pas si fole
460 Que par essample de tel parole
Cunfort preist de sa dulur,
Einz li creut partant greinur.
Quant ne la porent cunforter,
464 Offrerent lui de herbergier,
Meis tut ad tenu a petit
Quanque tutes li unt dit
Pur ceo que chose n'unt mustree
468 Dunt de ses fiz seit acertee.
          Entre ces femmes une esteit
Ki grant pitié de lui aveit;
Vedve fud, meis poi manante,
472 E en cel idle fud reseante.
Cele vint a la perillee
E sa aventure li ad cuntee:
Que femme fud un bacheler
476 Ki ja soleit hanter la mer;
Cil neiad par aventure,
Meis ele despuis n'aveit cure
De sei prendre a autre seignur
480 Dunt li premiers eust deshonur,
Kar mult est femme ki est vedve   *129v*
En l'amur sun barun tiedve
Quant a autre seignur se prent
484 E le premier met tut a nient:
Dunc pert que trop poi l'ad amé
U que trop tost l'ad ublié.
          Mathidia, tut eust perdue
488 La noblesce que aveit eue,
Mult li vint a volenté
Ceo que la vedve li out cunté,
Kar mult amat honesté
492 E mult preisat la chasté
Que la vedve guardé aveit
Puisque sun barun mort esteit,

---

481 t *of* mult *added by revisor*   489 volunte *with* u *expuncted and* e *added above*

E que tel honur li fist
496 Que autre espus puis ne prist.
Pur ceo se est od lui turnee
E a sun ostel herbergee.
Lungtens ensemble demurerunt,
500 Pur lur vivre i traveillerunt
E tut en cummune pristrent
Quanque de lur labur cunquistrent.
Aprés si grant adverseté
504 Chairent en enfermeté
E la dame ki fud venue
E la vedve ki l'out reçue,
Kar la dame ne sout faire el
508 Par quei peust venger sun doel
Fors sei meisme damager
Par ses meins toertre e derungier.
Partant devint des meins cuntraite,
512 Dunc lui vint puis trop grant suffreite,
Kar mes ne pout des meins uvrer   *130r*
Chose dunt peut rien guainer.
Desdunc quant ne pout travaillier,
516 N'i out mes fors del mendier,
Kar trestut cil ki honur
Li pramistrent en la primur,
E tut cil qui lur ostel
520 Li offrerent e asez el,
Ja se furent tut retrait
De pramesse e de bienfait.
La vedve ki l'aveit reçue
524 Paralisin est encurue,
E en si grant languur chait
Que lever ne pout de sun lit.
Del tut senz cunseil dunc esteient
528 Quant lur santé perdue aveient:
Des einz aveient poi de bien,
Ore sunt si povres que n'unt rien.

---

496 puis *added to right of text by revisor* 516 out *interlinear addition by corrector*

Ne fud veisin qui reguardast
532 U en l'ostel rien enveiast:
Pur ceo cuveint hors purchacier
Si beivre vuleient u mangier.
La cuntraite ala querante
536 Lur estuver hors mendiante,
E del purchaz que ele eut
Sei mesme e se ostesse peut.
Ci pert bien que n'est pas gas
540 Ceo que l'um dit: 'Si haut, si bas!'
Quant cele qui si riche esteit
Sun pain querre a dulur vait.

A Rume esteit Faustinien
544 Ki de tut cest ne saveit rien;
Sun fiz Clement od sei aveit   *130v*
Ki de cinc anz bien pres esteit.
Li pere le fist suef nurir,
548 E quant le age le pout suffrir,
A escole le mist pur lettre aprendre,
E il mist peine de l'entendre;
Bien aprist e out bon sens
552 E ne vout pas perdre sun tens.

Fa[u]stinien out grant desir
Que bone nuvele pout oir
De sa femme e de ses fiz,
556 Kar mult fud sis queors marriz
Que nule nuvele n'out oie
Puisque sa femme fud partie.
Un an entier ja passé fu
560 Puisque nuls huem iert revenu
Ki nuvele bone li deist
Ki gueres bien a queor li seist.
Al chief de l'an fist aprester

---

537 eust   543 faustini *scored through between* Rume *and* esteit *with two letters following erased*   556 ors *of* queors *written on erasure*   559 i *of* entier *interlinear addition*

564   Messagiers pur mer passer.
       Pur ceo que en pensé grant esteit,
       Faire enquerre de eus vuleit
       As escoles ancienes
568   Ki ja furent a Athenes:
       La quidout que sa femme fust
       E ses dous fiz od sei eust.
       Pur tutes lur dettes aquiter
572   E pur despendre senz enprunter
       Mult ad baillé as messagiers
       Or e argent e deniers,
       E que de rien faute n'eussent,
576   Tant enveia que asez eussent.
       Li messagiers s'en alerent,   *131r*
       Meis unkes puis ne repeirerent,
       Ne unkes puis ne fu seu
580   U un sul de eus fud devenu.
            Mult fud ja en grant desir
       Faustinien de oir
       Nuvele de ses messagers,
584   Des dereins e des premiers,
       Mes de tuz oi uelment
       Ceo fud de tuz entre tut nient.
       Ne fud merveille si il iert dolent:
588   Ne sout que faire, mes nequedent
       Messages uncore apresta
       E a Athenes les enveia.
       Cil le tierz an s'en alerent
592   E al quart an s'en repeirerunt,
       Meis chose truvé nen unt
       De ceo purquei enveié sunt.
       Ceo distrent que asez unt quis
596   En mer, en terre, en plusurs pais,
       E que a Athenes eurent esté,
       Meis nuvele nule n'i unt truvé
       De femme, de fiz, de messagiers,

---

593 *three illegible letters added in plummet to right of text (by revisor?)*

600   De harneis, de nefs, de mariniers:
       Que fust devenuz de eus un sul
       Ne peurent aprendre par hume nul.
       Desdunc abeissa mult la chiere
604   Faustinien de male maniere:
       N'aveit de rien dunc cunfort,
       Mult desira que il fust mort.
       Sa dulur acreut sun frere
608   Ki del mal fud tut mateire
       Quant par malveise lecherie   *131v*
       La dame requist de folie.
       Cil vint a Faustinien,
612   Si li cuntat el que bien,
       Kar par engin de fauseté
       E pur cuvrir sa malvestié
       Sur la dame la rage mist
616   De ceo que il meismes vers lui quist,
       E que ele par vilainie
       Requise l'aveit de lecherie,
       E dist que n'i vout cunsentir
620   Que sun frere veusist hunir.
       A sa menseunge plus ajusta
       Que a sun frere mult custa:
       Que quant il escundit out
624   Que foleer a lui ne vout,
       La dame a sun serf se prist,
       De lui amer se entremist.
       Meis pur ceo que serreit avilee
628   Si feist folie en sa cuntree,
       E turnereit a grant huntage
       A lui e a tut sun lignage,
       Par fauseté e par menceunge
632   Cuntruvé aveit un sunge
       Pur faire aillurs sa volunté
       Si que nel seust sun parenté:
       Aillurs alat od sun serjant

---

603 cheire *cancelled by underlining before* chiere   624 folieer *with* i *expuncted*

636   Ki li fud tut cunsentant;
      Quant ele out feite la folie,
      Od quanque ele out esteit perie.
      Cest cuntruva li lichierre
640   E tut cuntat a sun frere,
      Dunt en plus grant dulur esteit   *132r*
      Que des einz esté n'aveit.

      Mult esteit en grant purpens
644   Faustinien asez lung tens;
      Ne sout que faire ne ou aler
      Que aukun des suens peust truver.
      Quant ne sout dunt aver cunfort,
648   Sun chemin prist vers le port.
      Sun fiz Clement od sei prist;
      Les mariniers a reisun mist
      Si il dedenz ces quatre anz
652   De une femme e de dous enfanz
      Par sei meisme oi u veu
      U par endites eussent seu
      Que fussent en mer pereilliez
656   E a terre les cors getez.
      Que cil de nef, que cil de batel,
      Asez li unt dit de un e de el:
      Par les uns prist esperance,
660   Par les autres fud en dutance,
      E chose nule n'i ad aprise
      Dunt joie e leesce eit cunquise.
      Espeir aveit nequedent;
664   Ne sai purquei ne cument
      Si ne li venist de desir
      De bone nuvele oir.
      En curage atant li vint,
668   E a ceo del tut se tint,
      Que sun fiz Clement baillier
      A ses amis vout pur guarder,

---

658 e*n* de el   667 Ecn *with* c *erased*

E vout meismes aler querre
672   Tant par mer, tant par terre,
De sa femme e ses enfanz   *132v*
E ensement de ses serjanz
Que la certé en peust aver
676   U de tut perdre u de truver.
Issi pensa, issi le fist,
E a Rume Clement remist.
Dunc aveit Clement duze anz,
680   E sis peres tut pluranz
En mer se mist, si s'en alat;
En piece mes n'i repeirat.
       Ore sunt trestuz departiz
684   Pere e mere e lur fiz.
En Deu des ore est de l'aider
Ke se peussent reasembler!

       Remis esteit Clement a Rume
688   Ki mult se pena de estre hume.
Mult se entremist de bien aprendre
E de sun sens en bien despendre,
E de ceo out cumencement
692   Quant vivre vuleit chastement.
De ceo vint bele pruvance
De prendre en lui bone esperance
De acreis de bien en grant vertu
696   Cum jefne hume ki paen fu.
Il aprist mult bien ses pars
E puis se entremist des arz:
Asez aprist de astronomie,
700   Puis se tint a philosophie.
Sa entente ad desdunc esté
Trestute a moralité,
Cument vivre e que faire
704   E dunt se devreit retraire.

---

672 *interlinear* e *added in plummet after* mer *(by revisor?)*   691 ceo out de   695 z *erased after* uertu

Passerunt jurs, passerunt anz;   *133r*
Clement creut e devint granz,
E quant il vint a tel eage
708   Que guarder sout sun eritage,
E nuvele u message
Ne vint ki heitast sun curage
Que de sun pere li feist cunfort
712   Nient plus ke de hume ki fust mort,
A sei sun heritage prist
E cumme sire del suen en fist.

Le Fiz Deu, nostre Sauverre
716   Jesu Crist, fud dunc en terre,
Meis ne l'aveient en cruiz mis
Uncore dunc ses enemis;
U se si iert que mis i fu,
720   Ceo a Rume n'esteit pas seu.
Li apostle kil siwirent
E ki ses miracles virent
Del Seint Espirit n'ierent espris,
724   Ne de preechier uncore apris:
Ne fud ki par terre alast
Ne ki al pueple rien parlast
Dun peussent prendre seurance
728   De ceo dunt ierent en dutance.
Sule la terre de Judee
Out le Fiz Deu reguardee;
La demura, la se tint,
732   Kar pur les Jueus sul la vint.
Tut le mund fud en errur,
De verité n'iert nuls seur,
E li petit e li grant
736   Tuz esteient mescreant.

Clement fud mult esguarré,   *133v*
Ne vit chose que preist a gré

---

717 *erasure between* en *and* cruiz   721 suwirent *with* si *added in right margin*

Quant de sei meisme ne saveit
740   Certé nule que il devendreit.
Par vivesce de engin
Mult ad pensé de sa fin,
E quel fud sun cumencement,
744   Si il fud de aukes u de nient.
Il repensa uncore el
Si sa aume fust mortel,
Si od le cors del tut murreit
748   U senz le cors senz fin vivreit.
Del mund pensa si il fud fait,
E si fait fu, ki feit le eit,
Kar bien fud cert, si feit esteit,
752   Que pardurable ne serreit.
De ceo saver out grant desir,
Meis n'en pout a chief venir,
E de ceo numeement
756   Aver vuleit aveement:
Si mortel esteit sa aume,
Kar en ceo mist tut sun asme;
U si vivre devreit tutdis,
760   E cument, e en quel pais;
Si il fud rien einz que il fust nez,
Si il iert rien puisque il iert finez.
Il fist meinte desputeisun
764   E si oi meinte leceun
De philosophes pur ceo aprendre,
Meis n'i pout par sei ateindre.
Tant fust en cest esguarré,
768   Pur poi ne fud tut deesperé
De bien vivre [de] mettre peine,   *134r*
Quant seurté n'aveit certeine
Si il en avreit gueredun
772   U si il serreit bon u nun,
Ne si il vendreit a autre vie

---

744 fud aukes de aukes *with first* aukes *scored through*   748-49 *interversion corrected by letters in left margin*   768 *two letters erased between* tut *and* deespere   771 auerit

Puisque ceste avreit finie.
Mult se pena de remuer
776 De sun curage cest penser,
Meis tant el queor plus ferm li sist
Cum del remuer se entremist.
Puis pensa de autre maniere
780 Que tut cest mettreit ariere —
E tant lunges en attendreit,
Pur ceo que entendre nel poeit
Tresque venist aprés ses jurs —
784 Si aprendre le peust aillurs
E saver la verité
Si aume ad immortalité,
Kar partut paé serreit
788 Si de ceo seur esteit:
De cest purpos n'iert pas uncore
Asez paé pur la demuore.
Pur ceo pensa de grant enfance
792 Que saver vout par nigromance
Ceo dunt ne pout venir a fin
Que saver peust par sun engin.
En Egipte pensa de aler
796 As nigromanciens parler
Que par del suen dunant granment
Li feissent par enchantement
Une aume de Enfern venir
800 Ki la verité li peust geir
De quanque il demandereit   *134v*
De ceo dunt en dute esteit.
Ceo pensa, e ceo fait eust
804 Si un de ses amis ne fust
A ki il sun cunseil dist,
Meis il tut hors de ceo le mist.
Cil lui mustrat bele reisun
808 De leisser tel presumptiun,
Kar cuntre Deu e cuntre lei

---

782 *letter erased between* P *and* u *of* Pur

Trop grant pechié trarreit sur sei,
E cruelté trop grant serreit
812 Si il se entremeist de tel surfeit,
Kar suvent sout avenir
Que de lur asme faillir
Soelent li nigromancien,
816 E ne espleiten[t] del tut rien
De ceo dunt enqueste funt
E partant plus en dute sunt.
E si a lui si aveneit
820 En ceo que il enquerre vuleit,
E li enchanterre fausist
Que ceo que apelast ne venist,
Desdunc en dute tutdis serreit
824 De l'enqueste dunt failli avreit,
E charreit en tel despeir
Que mes ne crerreit pur veir
Que autre vie seit fors ceste
828 Pur la faute de l'enqueste:
Ja puis n'avreit en volunté
Ne grant vertu ne grant bunté.
U si par aventure fust
832 Ki figure i aparust
Ki deist par enchantement   *135r*
Ceo dunt avreit cumandement,
N'en porreit surdre si mal nun,
836 Kar trop fieble religiun
Surt de fieble cumencement
Si Deus n'i met amendement,
Kar mal feire pur mieuz aver
840 Relment sout a bien turner.
Mult est tenu a cruel
E mult feit pechié mortel
Ki travaile par malveise art
844 Aume puisque del cors s'en part.
De tut cest Clement guarni

---

819 alui aueneit si aueneit   845 tut *interlinear addition by corrector*

Uns philosophes, sun ami,
Ki par sun cunseil tant ad feit
848 Que de malfeire le ad retreit,
E que mis ad ariere dos
Tut le mal que out en purpos.
Delivre n'iert pas nepurquant
852 De ceo dunt aveit pensé tant.

Atant surst une nuvele,
Ne fu mes oie tele!
Ele vint devers Orient
856 U ele prist cumencement,
E tant lung est espandue
Que par tut le mund fud seue.
Dunc aveit la seignurie
860 Tiberius de Lumbardie;
Clamé fud del mund seignur
Tiberius Cesar, l'emperur.
La nuvele bone esteit
864 E message bon porteit;
Ne le vout Deus que celé fust   *135v*
Que trestut le mund nel seust.
Tele esteit la renumee
868 Que venu fud en Judee
Uns prophetes ki iert Jueu
E parlat del regne Deu.
El regne Deu freit tuz venir
872 Ki de queor vuldreient oir
Ceo que de Deu vuldreit parler
E sa doctrine de queor guarder.
Cil, pur faire la pruvance
876 Que ceo n'iert pas decevance
Que dit aveit, veant tuz
Mult fist miracles e vertuz.
Tut fist par sun cumandement,
880 E par autre chose nient,

---

861 *letter erased between* C *and* l *of* Clame   863 nuuele *written on erasure*   866 trestute

Les surz oir, les orbs veer,
E les cuntreiz fist redrescer;
La parole rendi as muz;
884   Forsenez e leprus tuz
Ki de santé requis le unt
Par sa parole guariz sunt.
Il guarit tute enfermeté,
888   E les morz ad resuscité,
E si grant poesté aveit
Que sul sun dire [a] feire esteit.
Tel nuvele iert venue
892   E a veraie asez tenue
Par plusurs genz ki venu furent
E la verté bien en seurent.
Grant parole de cest hume
896   Esteit ja par tute Rume.
En la cité par parties   *136r*
Se asemblerent cumpainnies,
E a merveille grant teneient
900   Ceo dunt il oi aveient:
De cel hume ki il fust
E dunt il tel poesté eust,
E par ki il se avuast
904   En dit, en feit que il mustrast,
De la pramesse que il feseit
A ces a ki il parleit.

       Entretant que si parlerent
908   E que si se esmerveillerent,
Uns huem vint en la cité,
E en tel lieu se est aresté
Dunt de tuz pout estre veu
912   E bien oi e entendu,
Puis del lieu u arestut
Demandé ad de aver escut
E de parler a la gent.

---

891 uenu *with* e *added in right margin*   896 Esteteit *with second* te *expuncted*

916   Tel fud sun cumencement:

    'Escutez mei, seignurs rumains,
E paisanz e citeeins!
Le Fiz Deu est en Judee
920   Ki sa vertu i ad mustree!
Vie pardurable avrunt
Cil ki oir le vuldrunt
E qui se vuldrunt amender
924   E sa doctrine si guarder
Que ceo a la volunté seit
Deu, sun pere, ki l'enveit.
A lui pur ceo vus cunvertez;
928   Leissez le mal, al bien tenez,
Que par guerpir bien temporel   *136v*
Senz fin vivre puissez el ciel!
Un Deu verai recunuissez
932   E a celui sul vus tenez!
Ciel e terre e quanque i apent
Tut sunt a sun cumandement.
Il fist cest mund que vus veez:
936   A nunreisun i demurez
Quant el suen estes manant
E ne li estes obeisant.
Si del tut a lui cunvertir
940   Vulez e faire sun pleisir,
En l'autre siecle ki fin nen ad
Vivrez en joie ki ne faudrat!
Pardurable est cele vie,
944   Pardurable la cumpainnie
De tuz ces ki la serrunt,
Jameis murir ne porrunt!'

    Cest dist cil huem e plus asez;
948   N'i parla pas cum fust lettrez,
Meis parla tut simplement,

---

929 *letter erased between* r *and* e *of* temporel

Unkes ne fist argument.
Barnabas fud apelé
952 Cil huem qui si out parlé;
Jueu fud, e si parent,
E venu fud de Orient.
A sun dit disciple fu
956 Celui qui esteit venu
En la terre de Judee
E fist vertuz en la cuntree.
Venuz i fud en pelerinage
960 Pur faire a Rume le message
Celui ki enveié l'aveit,   *137r*
E le regne Deu prametteit
A ces ki en discipline
964 Receivre vuldrunt sa doctrine.

Mult i out assemblé gent;
En la asemblé fud Clement,
E mult out mis sun curage
968 De bien entendre cest message.
Par sa parole entendi bien
Que il n'iert pas dieleticien,
Meis simplement tut diseit
972 Quanque il en queor aveit.
Adubbement nul ne mist
En parole que il deist,
Meis le bien que apris out
976 Del Fiz Deu issi mustrout
Que bien pout l'um sa reisun
Entendre senz desputeisun.
De sun dit out asez prueve
980 Que ceo faus n'iert ne cuntr[u]eve,
Kar mult esteient la present
En la asemblé de la gent
Ki testmoine li porterent
984 Des merveilles ki feit ierent.
Mult unt mis tuz lur oreilles
De bien entendre les merveilles,

E mult oirent bonement
988 Pur ceo que il parla simplement.
        Li philosophe atant i vindrent
     Ki sei meisme a sage tindrent.
     Cil eurent mult en grant despit
992 Le pelerin e tut sun dit:
     Mult en ristrent, mult le gabberent,   *137v*
     De meinte guise le opposerent,
     Mult li firent argumenz
996 Pur traire le a inconvenienz.
     Mais il, cum hume senz pour,
     Quanque diseient li gabbur
     Tint a nient: neis un respuns
1000 Ne vout faire a lur jarguns.
     Od sa parole avant alout
     E respundre ne lur deignout.
     Atant est venuz avant uns
1004 Ki mult l'ad mis en questiuns
     Del guibet e de l'olifant,
     Dunt l'un est petit, l'autre grant:
     'Que deit que ad sis piez le menur
1008 E ne fors quatre le greinur,
     E que ceo deit que eles unt
     Li guibez dunt volant sunt?
     Ele nule n'ad le olifant
1012 Dunt il peust estre volant!'
        Barnabas n'ad tenu pleit
     De questiun que cil feit eit.
     Il nel deignat neis reguarder
1016 Ne sa parole pur lui leisser;
     Sa parole avant si dist
     Cum de celui rien ne oist.
     Nepurquant suvent feseit
1020 En sa parole un refreit
     Quant feite li fust questiun

---

987 oierent *with first* e *expuncted*   994 opposerunt *with* e *added in right margin by* corrector   1008 pie *erased between* le *and* greinur

Pur lui tolir sa reisun:
   'Seignurs,' ceo dist, 'nostre avué,
1024 Par ki nus sumes remué
De noz cuntrees pur vus mustrer   *138r*
Ceo que li plout par nus mander,
Ne veut pas que par argumenz
1028 Mustrum ses cumandemenz.
Bien sai que plusurs genz ad ci
Ki bien seivent ceo que jeo di,
E testmoine porter purrunt
1032 De ceo que veu e oi unt.
Ore iert en vus de choisir
Alquel vus vuldrez tenir,
U del faire u del leissier,
1036 Kar n'i ad nient de l'efforcier.
Ne poum teire ceo que entendum,
Kar del teire damage avrum,
E vus perte en avrez
1040 Si noz paroles ne recevez.
A voz foles questiuns
Asez truveraie soluciuns
Del guibet e de l'olifent
1044 Dunt vus me alez opposant
Si vus pur el ne l'enqueisez
Fors que la verté en seussez.
Meis ne serreit si folie nun
1048 De creatures feire sermun
Quant vus vostre Creatur
Ne recunuissez pur Seignur!'

Ja fud tenu tut a gas
1052 Quanque dit out Barnabas,
E quanque out dit de sun avis
Ja fud turné tut a ris.
Par surfeit e desmesure
1056 Li crierent trestuz sure;

1027 gum *of* argumenz *written on erasure*   1043 e *of* olifent *unclear*

Il le jugerent a hunir   *138v*
E que l'um mes nel deust oir.
Estranges iert e nient cuneu,
1060   Pur ceo meins sage fud tenu.

Clement ne se tarja pas
Quant il vit que Barnabas
Lieu ne voiz ne pout aver,
1064   E que l'um le vout aviler.
Mult li plout quanque il out dit
E le semblant que en lui vit;
Avant pur lui sei meisme mist
1068   E hardement grant sur sei prist.
Il parla hardiement
Tut sul cuntre tute la gent;
Espris fud de une fervur
1072   Ki li vint de Deu amur,
Par quei il enprist de parler
Pur le estrange hume delivrer:

'Deus,' ceo dist, 'a mult grant dreit
1076   Sa volunté vus ad sustreit
Que vus saver ne la poez,
Kar a nundignes vus pruvez,
Sicum veer le poet bien
1080   Chescun hume ki entent rien!
Al message de verité
Hunte querez e vilté
Pur ceo que tut simplement
1084   Vus dit le bien que il entent.
Sa reisun vus ad mustree
Nient par parole planiee,
Ne par art de gramaire
1088   Mustré vus ad que devez faire,
Meis dit vus ad sun message   *139r*
Oiant tuz en tel language

Que tuz le poent bien entendre,
1092   E li greinnur e li mendre
E lettreiz e nunlettrez
Tuz le poent entendre asez.
Meis vus, qui vus tenez a sage,
1096   A vus meismes faites huntage
Quant vus vilté li querez
E reisun nule vers lui n'avez.
Vus qui estes eloquenz
1100   E sages vus tenez entre genz
Charrez en damnaciun,
E ceo iert a grant reisun
Quant vus veez simple gent
1104   Ki pris unt entendement
De saver que seit verité,
Que vus avez si rebuté
Que quant a vus est venue,
1108   Neis cum oste n'est receue
Ki deust estre citeeine
E od vus clamee suvereine
Si vostre orguil suffrir peust
1112   Que ceo fust que estre deust!
Partant estes asez pruvez
Ki philosophes vus numez
Que vus ne amez verité,
1116   Meis partut querez vanité
Quant en tels diz la tenez close
Ki grant mestiers unt de glose,
E mil paroles pur nient parlez
1120   Ki a un bon mot ne sunt preisez.
De vus, cheitifs, que serrat   *139v*
Si le juise Deu vendrat
Sicum le mustre cist message
1124   Ki vus tenez a poi sage?
Meis ore seit ariere mis
Vostre gabeis e vostre ris,

1123 *letter erased after* message

Si me respune ki que seit:
1128   Quant par envie e par surfeit
Desturbez par vostre cri
La bone gent qui sunt ici,
Qui unt lur queors apresté
1132   De receivre verité,
E sis faites rechair
En le errur dunt vuelent partir,
Quel merci jameis avrez
1136   Quant si vus desmesurez
Que celui ki est venu
Pur vus mustrer vostre salu
E pramet aseurance
1140   De Deu cunuistre senz dutance
A tort mettez en chalenge
Par reproesce e par leidenge?
Tut fust si que ne deist rien
1144   Dunt esperance fust de bien,
Si li deust l'um saver gré
Pur sa bone volunté!'

Mult fud ja la noise grant
1148   Pur ceo que Clement out dit tant.
Que par ceo, que par el dire
Munterunt plusurs en grant ire
E vers Clement enpristrent haange
1152   Sicum il firent vers le estrange.
Asquanz des autres qui la ierent   *140r*
Les diz Clement asez preiserent,
E de l'estrange unt pitié eu
1156   Pur ceo que il virent que esguaré fu.
Mult l'ad requis de herberger
Clement quant vint a l'avesperer.
Danger li ad feit Barnabas,
1160   Clement purtant ne leissa pas
Que tut a force ne l'amenast,

1143 deist *expuncted between* que *and* ne

Tut fait semblant que lui pesast.
Asez fist semblant de sei retraire
1164   E dist que aillurs aveit afaire,
Meis nel leissa Clement partir;
Tut le fist od sei venir,
Sil prist en avuerie
1168   Que faite ne li fust vilainie.
Clement li ad demandé
Tant cum od li ad esté
De ceo dunt il en dute fu,
1172   E l'autre li ad bien respundu.
A poi paroles li ad mustré
Quel iert la veie de verité.
Clement de queor bien le oi,
1176   Bien li plout, bien le entendi.
La demurat asquanz jurs,
Puis dist que vout aler aillurs:
Mestier out que s'en alast
1180   E en Judee repeirast.
Ne pout el estre, aler le estut;
A une feste estre dut
Ki partint a lur religiun,
1184   Partant de aler out acheisun.
Quant en sun pais venu serreit,   *140v*
Desdunc del tut la demurreit:
Si frere e si cumpainun
1188   La furent de une religiun.
Ne pout a Rume arester,
Hisdur out [de] la demurer
Pur ceo que mult out encuntré
1192   Dure gent en la cité
Ki a tort e a pechié
Mult le aveient leidengié.

1167 e *erased between* en *and* auuerie   1168 e *of* Que *superscript above expuncted and*
erased u   1170 *illegible letter expuncted between* o *and* d *of* od

Clement a ceo li respundi:
1196   'Jeo vus requier, remanez ci
       E la doctrine me mustrez
       De vostre meistre dunt vus parlez!
       E jeo voz diz enbelirai
1200   E delitables en tant les frai
       Que trestut cil kis orrunt
       Bonement les escuterunt.
       Le regne Deu e sa justice
1204   Precherai e mun service
       A ceo faire tut mettrai,
       E puis od vus m'en irrai
       En Judee, vostre cuntree,
1208   Que jeo a veer ai desiree.
       Od vus irrai pur demurer,
       Si devient, senz repeirer.'

       Barnabas respunt: 'Si vus vulez
1212   Bien aprendre ceo que desirez
       E veer vulez mun pais,
       Ja en respit ne seit mis,
       Meis chaudpas od mei venez
1216   E la mer od mei passez!
       Kar la vendrez a seint Pierre   *141r*
       Ki trestut vus savra dire
       Quanque savrez demander:
1220   Mar vus estuverat puis duter!
       E si est que rien vus tienge
       Purquei remeindre vus cuvienge,
       Enseigne bone vus larrai
1224   Quant de vus m'en partirai,
       Que quant a nus venir vuldrez,
       Legierement nus truverez.
       Ore seit en vostre chois,
1228   Kar sen faille demein m'en vois!'

_____

1222 cuueinge

      Nel pout Clement mes retenir
      Que ne s'en vousist d'iloec partir.
      Vers la mer le cunveiat,
1232   Tresque al port od li alat.
      Enseigne bone de lui prist
      De lui truver quant venir veusist,
      Kar remeindre lui estut
1236   Pur les dettes que l'um li dut.
      E bien li dist, si ceo ne fust,
      Od lui alast, delai n'i eust;
      Meis aprés lui se hastereit
1240   Quant apresté mieuz serreit.
          Quant Clement out a lui parlé,
      As mariniers l'ad puis baillé.
      De lui amer mult les requist;
1244   Atant siglerent, Clement remist.
      Murne e dolent vint a l'ostel;
      Ne pout gueres penser de el
      Fors de sun oste ki alé fu,
1248   Dunt grant cunfort aveit eu.
      Mult le tint a bon ami,   *141v*
      Pur ceo pensat mult de lui,
      Kar tut sun cuntenement
1252   Mult li fud venu a talent.

      Ne passerent gueres jurs;
      Clement prist de ses detturs
      Quanque aparmeismes i pout prendre,
1256   Puis n'i vuleit plus attendre.
      Mult ad mis a nunchaler
      Grant partie de sun aver
      Pur partir de sa cuntree
1260   E pur passer en Judee.
      En mer se mist, laendreit sigla.
      Aprés quinzeine ariva
      A la cité de Cesaire,

1256 Plus *with* puis *added in left margin*

1264	Ki est la meillur e la maire
	Des citez de la cuntree
	Ki Palestine est apellee;
	Ceo iert cele ki par surnun
1268	Fud apelee Cesaire Stratun.
	Quant vint a terre e ostel prist,
	En la cité nuvele aprist:
	Que uns huem — Pierres out nun —
1272	Desputer deut od un Simun
	Ki nez esteit de Samaire,
	E ceo dut estre en Cesaire;
	E que cil Pierres disciple esteit
1276	Celui de ki l'um tant parleit,
	Qui venuz fud en Judee
	E fist merveilles en la cuntree;
	E que cele desputeisun
1280	Entre Pierres e Simun
	L'endemein i devreit estre:
	La parreit qui serreit meistre.

142r

	Quant Clement out tut cest apris,
1284	Le ostel Pierres ad enquis.
	As portes vint, la arestut
	Cum cil ki hume n'i cuneut.
	Al portier ad dunc parlé
1288	E de sei meisme li ad mustré
	Ki il fud e dunt il vint.
	Barnabas atant survint
	Ki, si tost cum le aveit veu,
1292	Bien sout que ceo Clement fu.
	Plurant de joie le beisat
	E a seint Pierre le menat.
	Einz que a lui le eit parmené,
1296	Barnabas li ad mustré,
	Si lui ad dit: 'Veez ici
	Celui dunt vus avez tant oi!

1269 quist *added after* prist *as alternative*

Cist est Pierres, dunt jeo vus dis
1300   Que de Deu est tut espris.
Mult ai a lui de vus parlé,
A lui entrez cumme sun privé!
Bien vus cunuist, e bien seit
1304   Le bien e le onur que me avez feit,
E bien seit vostre purpos,
Kar jeo li ai tut desclos.
Desir ad de vus veer,
1308   Mult iert paé de mun mener.
Offrende grant ui li frai
Quant devant lui vus merrai!'
Quant a lui vindrent, mult briefment
1312   Dist Barnabas: 'Cist est Clement.'

Clement fud ja od seint Pierre   *142v*
E ensement si dui frere,
Niceta e Aquila,
1316   Que Zacheu fist venir la;
Li dui frere se entrecuneurent,
Meis del tierz frere rien ne seurent,
Ne cil ne saveit rien de eus,
1320   Mes que n'i eust fors eus dous.
Seint Pierre ne se tarja nient
Quant venuz i fud Clement;
Si tost cum sun nun fud numé,
1324   De grant joie l'ad beisé.
Dejuste sei le fist seer
E puis cumencea si a parler:
'Clement,' ceo dist, 'bien seez venu!
1328   A bon' eure avez receu
Le message de verité,
Vus en serrez en beneurté!
Ne dutastes pas la gent
1332   Kil demenerent trop vilment;

1314 *letter erased before* si   1317 entrecunuerent   1321 se *interlinear addition by corrector*

Barnaban bien herberjastes
E de vilté le delivrastes.
Par le bien e par le onur
1336   Que li feistes pur Deu amur,
Venuz estes a verité
Ki vus mettrat a sauveté.
Ceaendreit venistis le chemin
1340   Sicum oste e pelerin,
Meis pur cest vostre pelerinage
Cunquerrez grant heritage.
N'i estes venuz pas en vein,
1344   Kar vus serrez citeein
De la cité que fin nen ad,   *143r*
Kar tel est que tutdis durrat.
Mult feit a preiser vostre sens,
1348   Quant par servise de poi de tens
Que al serf de Deu fait avez
Pardurable vie avrez.
La joie d'iloec serrat si grant,
1352   Ne la poet dire hume vivant.
N'est mestier que me diez
Ceo que vus en queor avez:
Barnabas m'ad tut mustré
1356   Ki mult se est de vus menbré;
Chescun jur, e ceo suvent,
Avum de vus eu parlement.
Si vus ne avez el que faire
1360   Par quei devez de nus retraire,
E si de mei vulez oir
Ceo dunt avez si grant desir,
Od nus venez la u alum
1364   Si escutez ceo que dirrum!
Kar, si Deu pleist, avant irrum
Tant que a Rume parvendrum.
Nepurquant, ore me mustrez
1368   Que ceo est dunt vus dutez!'

1333 herberiastest   1334 deliurastist   1343 *letter erased before* pas

Clement respunt: 'La Deu merci
Que jeo vus ai truvé ci!
Pur vus me esmui de mun pais,
1372   E pur estre od vus tutdis:
De bon queor od vus irrai
E mun purpos tut vus dirrai.
En grant purpens ai esté
1376   E mult en sui jeo travaillé
Que par fortes questiuns,   *143v*
Que par granz desputeisuns:
Si le aume est tel que mortel seit
1380   U que jameis murir ne deit;
E si jameis ne poet murir,
Si a juise devrat venir
Pur bien aver a sa deserte
1384   U pur pechié chair en perte;
E de justice si ceo est rien
De qui deive surdre bien;
Del mund si feit fud e purquei,
1388   E que fin eit si creire dei;
Si le mund se changerat
En mieuz u a nient devenderat.
De cest e de el en volenté
1392   Ai de saver la verité.'
Respunt seint Pierre: 'Clement, oez!
Dirrai vus ceo que demandez.
Damnedeu ad cuncelé
1396   Sun cunseil e sa volenté
Que saver n'en poent gent,
E del purquei i ad granment.
Tut premier pur mal penser
1400   E puis aprés pur mal parler;
Pur mesfaire a escient,
E ceo acustumeement;
Pur malveise cumpainnie,
1404   Pur parlemenz de trecherie:

1390 *third* e *of* devenderat *interlinear addition*

Par cest chiet hume en errur
E despit Deu sun Seignur,
Dunt chiet en desleauté
1408   E en malice e en averté.
Partant vient dunc a vantance   *144r*
E puis chiet en ignorance
Que Deu sun Seignur ne pout veer
1412   Ne de sa volenté rien saver.
Que frat dunches li cheitis
Ki en tel dulur se iert mis,
Fors de queor a Deu crier
1416   E sa aie depreier,
Ke il, qui tutes choses veit,
Lumiere e grace li otreit
Que sei meisme veer peusse
1420   E sun Seignur recunuisse?
Meis pur nient i mettrat peine
De saver chose ki ateinne
Si Deus ne li fait saver,
1424   Ki sens e saver poet duner.
Ne poet rien saver ki ne aprent,
Pur ceo cuvient al cumencement
Meistre querre ki cert seit
1428   De quanque hume saver deit.
A lui cuvient partut creire,
Tut nel peust l'um entendre en eire:
Ne deit estre cuntredit
1432   Cuntre chose que il avrat dit,
Ne n'en deit l'um desputer,
Einz l'en deit l'um mult preer
Que il face ceo entendre
1436   Que l'um ne poet senz lui aprendre.
En fei est le fundement
De quanque a nostre salu apent:
De la fei ore entendez
1440   Que ceo seit que creire devez!
    Tutdis fud Deu, est e serra,   *144v*
Ceo que ad esté tutdis meindra.

Il est Deus verais e sul,
1444   En ciel, en terre, fors lui n'ad nul.
Il fist le mund par sa bunté
Sicum li vint a volunté.
Il n'out chose al mund feire
1448   Dunt il eust furme u mateire:
Nel fist de rien ki fust u seit,
Par sul sun dit fust trestut feit.
Il fist el mund e lieus e tens
1452   E mist al feire grant purpens.
Deverseté de creature
Fist de diverse nature.
Angeles fist e mist el ciel,
1456   Meis nes ad feit en char mortel;
Feit les ad espiriz tuz,
Meis ne se sunt el ciel tenuz:
Li plusurs de eus se enorguillirent
1460   E par orguil del ciel chairent.
Il se pristrent par surfeit
Cuntre lur Seignur kis out feit:
Ne li vuleient obeir,
1464   Partant nes vout mes meintenir.
En Enfern chairent jus,
Jamés ne ierent de la rescus.
Mult est orguil mal afaire:
1468   Tutdis cuveite ensus traire,
Meis al munter trebuche aval;
Mal change feit, pur bien prent mal.
Asez ad Deu creatures
1472   Feit en diverses figures
Ki mult sunt ja multiplié   *145r*
En cest mund u sunt crié.
Sur les autres ad feit une
1476   En ki tut le bien se aune
Que tutes les autres en sei unt
Ki en ciel e en terre sunt.

1444 ceil *with* ciel *in left margin*   1452 Ne

Cele figure 'hume' numat
1480   E tel nature li aturnat
Que cors e aume ensemble mist;
E aprés le hume femme fist
Ki li fust en cumpainnie
1484   E en cunfort e en aie.
Vie lur dunat e poesté
De faire sulung lur volenté,
E reisun par quei deussent saver
1488   Que feit a feire e que a leisser.
Le cors fist tel que peust murir,
E l'aume vivre senz mort suffrir.
Quant cors e aume ensemble sunt,
1492   Franche electiun en sei unt
De bien penser e de bien faire
E de tuz maus [de] sei retraire;
U si il vuelent a mal turner
1496   E ne se vuelent justiser,
Ne lur frat force lur Seignur,
Kar il veut que par amur
E de bon queor li serve l'um.
1500   Dunc serrat granz li gueredun,
Kar ki sun seignur servir deit
E le servise enviz feit
Luier u gré petit avrat
1504   Quant de bon queor servi ne l'ad;
Ki deit servise e ascient   *145v*
Sert sun seignur malement
Luier u gré n'en poet aver,
1508   Meis chier le devrat cumperer.
Tut ausi Deus, nostre Seignur,
Servi veut estre par amur.
Force a nului ja ne frat:
1512   Serve le ki servir le vuldrat!
Ki bien le sert avrat honur,
Ki malement chiet en dulur.
Quant le aume del cors partirat,
1516   Li cors iert morz, le aume vivrat:

Dunc iert jugié lur curage
U a pru u a damage.
Si a bien turne, la joie est grant,
1520 E si a mal, mult iert ardant
Le feu que cuvendrat suffrir,
Dunc n'i ad nient del repentir!
Ki par dreit e par justise
1524 Feit li avrat sun servise
De sa justice avrat grant pru,
Kar justice est grant vertu.
Ne veut Deus que tutdis seit
1528 Le mund que il ad de nient feit:
Ciel e terre tut passerat,
E tut le mund a nient irrat;
Tutes les choses que el mund sunt
1532 Od le mund trespasserunt.
Tute chose iert dunc nuvele,
Le une laide, e l'autre bele:
Bele cele ki bien irrat,
1536 Laide cele ki mal avrat.
Les cors de terre dunc surdrunt,   *146r*
Kar les aumes es cors entrerunt,
E vendrunt a jugment
1540 Cors e aume cumunement.
Aluee iert lur cumpainnie
Si bien u mal eit deservie:
Les bons avrunt bien pardurable,
1544 Les maus mal tutdis parmenable.
Oreille oir, e uil veer,
E queor de hume ne poet penser
Le bien que Deus ad aturné
1548 A tuz ces ki l'unt amé.
Des maus le mal e le martire
Que il suffrunt nel poet huem dire,
Meis tant que mult iert maleurez
1552 Ki al suffrir serrat jugiez.
Ceste est la fei que l'um deit creire:
Par ceste veie prendra sun eire

Ki veut venir a verité,
1556 Senz ceo n'est nule sauveté.'

A Clement plout mult la mateire
De ceo que parlé out seint Pierre:
La reisun out bien entendue
1560 E od grant joie retenue;
De cest que out dit e de el asez
Fud Clement ja bien paez.
Ceo dunt duta tant lungement
1564 Entendi si apertement
Sicum le peust des uilz veer
U de ses dous mains manier.
A grant merveille ad ja tenu
1568 Que il ne l'out einz entendu
Quant si legiere fud la pruvance   *146v*
Ki li toli sa dutance.
A Deu graces en ad rendu
1572 Que si bien le ad entendu,
E mult esteit ja desirus
Que seint Pierre li deist plus.

Seint Pierre ne se est ennuié
1576 Quant si le vit acuragié
Que ne lui mustrat que deust creire,
Que deust leisser e que faire;
Del veir prophete Jesu Crist
1580 Ki vint en terre e char i prist
Pur mettre par sa humanité
Tut le mund en sauveté;
E cument il suffri mort
1584 A nunreisun e a tort;
Que il fist e que il parla
Tant cum il en terre ala;
E que il primers fist saveir
1588 Que fud faus e que fud veir;
E que il meismes en oevre mist
Le bien que de sa buche dist.

Ne fud unkes hume truvé
1592   Ki de pechié le eit pruvé.
Tut li prophete de lui parlerent
E testimoine li porterunt
Que quant il en terre vendreit,
1596   Verité od lui nestreit.
Il est verais e verité,
En lui n'ad nule deslauté,
Kar sun dit e sun feit
1600   Tut a une corde treit.
Bien parlat e fist bien,   *147r*
Partant ne descordat rien.
Mieuz en deit estre escutez
1604   Quant sis pers nul ne est truvez.
Pur tels prueves e autres asez
Dunt il est bien testimoniez
Deit mieuz estre oiz e creuz;
1608   E pur ceo que il fist grant vertuz
E teles ki n'ierent einz oi
E que hume ne fist fors lui
E ki mes feites ne serrunt
1612   Si par lui feites ne sunt,
Sillogisme e argument
Cuntre lui ne valent nient,
Kar ne poet estre en verité
1616   Ki n'ad de lui auctorité.

        Mult par vindrent a talent
Les diz seint Pierre a Clement,
E mult esteit ja acerté
1620   De ceo dunt out en dute esté.
Tant unt parlé ambesdous,
Li uns demandé, l'autre sous,
Que ja cumencea a avesprer.
1624   Ne vout seint Pierre Clement leisser:
Ne vout que aillurs herberjast,
Od sei lui dist que il demurast
Pur oir la desputeisun

1628 Le matin entre lui e Simun.
Al manger le asist par sei,
E reisun mustra purquei,
Kar seint Pierre e li suen
1632 Tuit esteient Cristien.
Clement uncore paien fu, *147v*
Kar le jur meisme iert venu;
Lei nel suffri ne reisun,
1636 Quant ne iert de lur religiun,
Que il od eus manjast u beust
Einz que Crestien devenu fust.
Quant il eurent tuz mangié,
1640 Seint Pierre ad Deu gracié,
E des graces que a Deu fist
La reisun a Clement dist.
Clement aillurs ne se herberja,
1644 Meis od seint Pierre demura.
Quant vint al cuchier, tel preere
Pur Clement ad feit seint Pierre:
'Deus nus duinst le jur veer
1648 Que od vus puissum cumune aver,
Que vus baptesme puissez receivre
E vus od nus mangier e beivre!'
Quant ceo out dit, si se cucherent;
1652 Bien dormirent e reposerent.

Quant la nuit fud trespassee,
Venuz i est en l'ajurnee
Uns des cumpainnuns seint Pierre —
1656 Zacheu out nun — pur lui dire
Que Simun Magus li mandeit
Del jur que a lui pris aveit
Que le jur ne pout tenir
1660 Tresque il eust meillur leisir.
Meis aprés le setime jur
Avant vendreit tut seur:

1652 dormierent *with first* e *expuncted*

Pur desputer dunc vendreit,
1664 Ja plus respit n'en querreit.
Zacheu bien load le respit   *148r*
Quant le messege aveit dit,
E dist que freit bien a graanter.
1668 Mieuz se en porreit l'um purpenser
E purveance meillur faire
Que feist a dire, que feist a taire;
Bien serreit que li cumpainnun
1672 Entre sei meussent questiun;
De mateires plusurs parlassent,
Les uns les autres opposassent.
Si ceo feissent ces set jurs,
1676 Mieuz guarni e plus seurs
Porreient estre cuntre Simun
Quant venist a la desputeisun.
Par si demander e par respundre
1680 Porreit l'um Simun cunfundre,
Kar partant se acuintereient
Quels les puinz Simun serreient,
Si se en porreit l'um cuntregueiter
1684 De ceo que il vuldrat opposer.

Quant cest cunseil out dit Zacheu,
Seint Pierre respunt: 'De part Deu,
Li respit li seit graantez!
1688 E vus a Simun ceo diez:
Vienge quant venir vuldra,
Kar tuz tens prestz nus truvera!'
Zacheu s'en ala a Simun
1692 Pur lui dire cest respun.
Clement remist od seint Pierre
Ki ja fist mult murne chiere,
Kar le respit mult li desplout
1696 Que seint Pierre graanté out.
Bien se est seint Pierre aparceu   *148v*

1689 *first* e *of* Uienge *interlinear addition*

De Clement que il iert cummu,
E que a ennui li iert turné
1700 Le respit que il out duné.
  Dunt dist seint Pierre: 'Ami Clement,
Nel pernez pas a mautalent
De ceo que jeo graanté ai
1704 Que Simun eit cest delai!
Ki Deu aime e ceo creit
Que il tutes choses bien purveit
Ne deit quider que rien avienge
1708 Dunt il guarde grant ne prenge,
E de chose numeement
Ki a ses amis apent.
Tutes choses bien atempre,
1712 Le plus, le meins, e tart e tempre.
Tut ne nus vienge si a gré
Cum nus le avum desiré,
Tut nus vienge le cuntraire
1716 De chose que nus quidum faire,
Nus ne devum pas quider
Que Deu le face pur empeirer
Qui tutes choses bien purveit
1720 E set dunt chescun mestier eit;
Kar cument que chose avienge
E quel chief que ele prenge,
Tut est par sun ordenement
1724 E pur nostre amendement,
Kar mieuz le seit tut purveer
Que nus nel savum purpenser.
Pur ceo, Clement, ne seez murne,
1728 Kar cest delai a bien vus turne!
E bien le crei e bien le entend,   *149r*
Tut est pur vostre avancement,
Kar en ces set jurs de delai
1732 Tut a leisser vus musterei
De choses ki trespassé sunt

1701 seimt *with third minim of* m *expuncted*   1721 auinge

E de celes ki siwerunt
E de celes qui sunt present
1736 Dunt unt pris cumencement,
De quanque fud, est e serrat
Cument e purquei Deu feit le ad.
Tut cest est mis en escrit
1740 Quanque briefment ai ci dit,
Meis nel poet huem par sei aprendre
Si meistre ne eit kil face entendre.
Pur ceo sicum jeo apris le ai
1744 Issi le vus aprenderai
Sicumme dit le ad nostre meistre,
Senz ki l'um ne poet cert estre.
Il sul est prophete verai
1748 E feit entendre senz delai
Quanque est, iert e ad esté,
Kar sul en seit la verité.'

Clement grant entente mist
1752 A ceo que seint Pierre dist,
E seint Pierre se est entremis
De tant plus dire sun avis.
Dunc li ad cumencé a uvrir
1756 Divine scripture a leisir,
E cumencement a ceo ad pris
Del livre ki ad nun Genesis:
'Deus el cumencement,' ceo dist,
1760 'Ciel e terre de nient fist;
Lumiere e le firmament   *149v*
E tut li quatre element
Par lui pristrent cumencement.'
1764 E pur cumprendre briefment,
Quanque Deus en set jurs fist
Sulung le livre en ordre mist:
Asez lui ad dit de Adam,

1762-63 *see note*   1764 *interlinear* tut *erased between* pur *and* cumprendre

1768 De Noé e de Abraham,
De Isaac e de Jacob,
De Joseph, Moyses, de Job;
De la lei que Deu duna
1772 El munt qui ad nun Sina,
E que la lei signefie
Tut dist e la allegorie;
Des patriarches anciens,
1776 Des aventures de lur tens;
Des feiz as reis e de lur diz,
Des prophetes e lur escriz.
Les Escriptures en ordre dist
1780 Tresque il vint a Jesu Crist
E dist la signifiance
Que des diz, que de feisance,
E que tut prophetie fu
1784 De Jesu Crist, le Fiz Deu.
Del Fiz Deu li ad puis dit
Cument il en terre nasquit,
E que il iert Deu de part sun pere
1788 E hume devint de part sa mere.
Deus e hume, une persone,
Einz ne puis ne fud si bone,
Kar Deus est e fud sun pere,
1792 Virgene fud e est sa mere.
Les miracles e les vertuz
Que Jesu Crist fist veant tuz,
Ses diz e sun enseinnement   *150r*
1796 Tut dit seint Pierre a Clement;
E cument il fut a grant tort
E par envie mis a mort;
De mort le tierz jur releva,
1800 En char e en os vif se mustra;
E que, sé disciples veant,
El ciel muntat od joie grant;

1768 a *erased between* De *and* noe   1770 e iob *with* de iob *added in right margin*
1786 en terre il *reordered by oblique lines*   1795 enseinnenent

Li Seint Espirit puis descendi
1804 E les apostles tuz repleni;
Des ennuis que encuntrerent
Cil ki par lui se avuerent;
Dé Jueus e lur desmesure
1808 Ki mult lur cururent sure.
De sei meismes ad dit seint Pierre
Cument e en quel maniere
Il seit puis par terre alé,
1812 E cum il ad de Deu parlé,
E que tant out feit sun eire
Que venuz fud a Cesaire:
La lui out mandé Simun
1816 De tenir a lui desputeisun.
Tut cest ad seint Pierre cunté —
Meis nient a tel subreveté —
En ordre e mult apertement,
1820 E puis ad dit a Clement:
'De cest saver avez enquis
Par le respit qui est pris.
Ces set jurs del respit duné
1824 A grant pru vus sunt turné!'
    Quant Clement aveit tut oi,
De grant maniere se esjoi
E a seint Pierre grant joie fist   *150v*
1828 Que de entendre se entremist,
Kar par suvent recorder
E par dutances demander
Seint Pierre ad entendu bien
1832 Que Clement ne se feinst de rien.

    Li set jurs ja passé furent,
E vint le jur que mis eurent
Seint Pierre e Simun entre sei
1836 Pur desputer de lur lei.
Seint Pierre n'iert pas pereceus,
Asez matin levat sus,

Kar il ne tint pas lunges sume,
1840 E ceo lui vint tut de custume
E de l'us de sun mestier,
Quant il esteit mariner
E quant il esteit peschiere
1844 Od seint Andreu, sun frere.
Ses cumpainuns tuz lever fist —
Tredze i out — e puis lur dist:
'Mestier est que nus parlum
1848 De ceo dunt nus a faire avum,
E de Simun numeement
Si il prendrat amendement,
Si il est tel que vueille entendre
1852 Que seit reisun pur bien aprendre;
E ceo devum de lui enquerre
Lequel il aime, peis u guerre;
Si il est sobre e merciable,
1856 Si il est humein e cumpainnable,
E si tel est sa porteure
Que ne eit en sei desmesure;
Si il het les maus criminaus   *151r*
1860 E aime les biens cumunaus,
E si il feit a ascient
Mal u bien que il enprent.
Kar si il ad bone volenté
1864 Que vueille entendre verité
E a escient ne feit les maus
Que l'um apele criminaus,
Par reisun que lui musterum
1868 En dreite fei le metterum;
E si tels est que par malice
Fuit vertu e aime vice,
Tens e peine perdrium
1872 En quanque od lui parlerium.
Dunc iert bon de estre purveu

1839 sumue   1845 tuz *interlinear addition by corrector*   1851 *first* e *of* uueille *interlinear addition*

Dunt il peust estre cunfundu,
Kar ne poum pas leisser
1876 Que nus ne estoece a lui parler,
Kar li pueple autrement
Nus tendreit a nescient
E que de lui eussum pour,
1880 Partant remeindreient en errur.
Pur ceo vuil que me acuintez
De ceo que vus en lui savez.'

Dunt ad Niceta mult requis
1884 Que il peust dire sun avis.
Quant seint Pierre granté li ad,
Il atant issi parlat:
'Mun seignur Pieres, mult dolent sui
1888 Pur le enprise al jur de ui!
Mult pens de la desputeisun
Que enpris avez vers Simun;
Mult me en dueil, mult me esmai   *151v*
1892 E mult grant pour en ai;
Mult en sui jeo anguissus,
Kar Simun est mult arteillus.
Mult est Simun de male part
1896 E mult seit de malveise art.
Simun est dieleticien,
Mult trait a mal, poi a bien:
Simun ad hanté mult escole,
1900 Mult est reinable en parole;
Mult est de grant eloquence,
Bien seit mustrer sa sentence.
Sur tut ceo enchantieres est,
1904 Parunt il fait ceo que lui plest.
Pur ceo feit mult a duter
Que il nus deive surmunter,
Kar avenir sout bien suvent
1908 En grant asemblé de gent

1877 lui *with final two minims expuncted*   1891 e *erased before second* me

Que pur diverse acheisun
Tuz ne entendent pas reisun,
Ne n'unt tuz une maniere
1912   De jugier ceo que il oient dire:
U il ne l'unt bien entendu,
U ne l'unt bien retenu,
U pur amur u pur haur,
1916   U pur luier u pur pour,
Plus se tienent a tort que a dreit;
Tut ceo ad esté suvent feit.
Mult est Simun mal trechiere:
1920   Pur mei le di e pur mun frere
Que del tut nus eust deceu
Si nus ne fuissum aparceu,
Del tut nus eust enginnié   *152r*
1924   E treit a sa mauvestié
Si par veue e par oie
Aparceu ne eussum sa felunie.'

Dit out Niceta sun avis;
1928   Dunt Aquila [ad] mult requis
Que parler peust e aver escut,
E seint Pierres graanta tut.
      Ceo dist Aquila: 'Escutez mei,
1932   Beaus sire Pieres! En grant effrei
E en grant purpens sui pur vus
E mult sui pur vus curius.
Tut ceo me vient de grant amur,
1936   Kar mult vuldreie vostre onur,
Kar ki aime sun ami
De amur lui vient penser de lui,
E ki a nunchaler le met
1940   Asez feit semblant que il le het.
Ne vus ennuit si jel vus di,
Mult desir que seez guarni!

1925 *final* e *of* veue *written on erasure by corrector;* e *interlinear addition by corrector*
1932 e *of* Beaus *reformed from illegible letter*

Meis nel di pas nepurquant
1944   Que jeo vus tienge a meins vaillant,
Kar plus asez avez reisun
En dit, en feit, que n'ad Simun.
Meis testmoine en trai jeo Deu,
1948   Pur ceo que n'ai esté en lieu
U vus aiez desputé,
De vus me en sui tant plus duté,
Kar Simun cunuis jeo asez
1952   Cumme celui ki est lettrez,
E sa maniere mult bien sai
Cumme cele que jeo espruvé ai.
Il ad apris des sa enfance   *152v*
1956   Enchantemenz e nigromance:
De ceo lui vient que il se aseure
De trop mesfaire a desmesure.
Jeo pens del pueple ki vendrat
1960   E ki desputer vus orrat
Que tuz i fussent profitant,
E la verté alast avant,
E sur quanque jeo de el die,
1964   Que vostre fame ne seit blesmie.
Jeo e mun frere asez cunumes
Simun de enfance e od lui fumes
Cumme cumpanuns e serjanz
1968   E a mesfaire trop aidanz.
Si Deus ne nus eust delivré,
Uncore i fussum demuré,
Meis par reisun e par nature
1972   Mult haimes sa desmesure:
De Deu amer en queor eumes,
Sulung ceo que [a] entendre sumes.
Damnedeu, sicum jeo quit,
1976   Pur nostre bien tut cest purvit
Que pur saver sa male vie
Lui fuissum en cumpainnie,

1964 ne *interlinear addition by corrector*   1973 aimer *with* i *expuncted*

E que il de part Deu fait nient,
1980   Meis feit tut par enchantement.
        Pur mei meisme bien le di,
        Si veu ne l'eusse ne oi,
        Par quei me fusse aparceu,
1984   Del tut senz dute me eust deceu.
        E si vus saver le vulez
        De Simun dunt il est nez,
        De ses oevres, de sa maniere,   *153r*
1988   Jeo vus en sai la certé diere.
            De Samaire est Simun nez,
        E la est sis parentez:
        Antoine out nun sun pere,
1992   E Rachel out nun sa mere.
        Il est mult lettrez en grieu
        E veut estre tenu pur Deu.
        De nigromance ad mult apris,
1996   De enchantemenz se est entremis;
        Mult ad mal en sa memoire
        E mult est plein de veinegloire.
        Plus haut se feit e greinnur
2000   Que n'est Deu le Creatur,
        E veut que l'um deive quider
        Que il peusse tutdis durer;
        Si grant se feit e si puissant
2004   Que il se nume 'Vertu Estant'.
            Il pur primes aver pris
        Od un Dositheu se fud mis;
        Uns herites fud Dositheu,
2008   Sa heresie fud cuntre Deu.
        Il out trente cumpainnuns,
        De ces trente fud Simun uns;
        Dositheu lur meistre fu
2012   E en meinnee ad tenu
        Une amie que il mult ama,
        Lune par amur la numa.

1979 deu *interlinear addition by corrector*

Cil Dositheu pur los aver
2016　Fist la gent de sei quider
Que il feust Deus e vertu grant
Ki tuzdis serreit en estant.
De sa amie que il meinteneit　　　　　　　　*153v*
2020　Dist que ceo la lune esteit,
E pur la lune ki feit sun curs
Par le numbre de trente jurs,
Sulunc cel numbre out cumpainnuns:
2024　Avant ne ariere n'i out uns,
Kar quant un de eus devieit,
Chaudpas un autre mis esteit;
De cunuissance deut estre pris
2028　Ki en cel numbre deut estre mis.
Partant deceurent simple gent
Ki quiderent que autrement
Ne peust la lune faire sun curs,
2032　E que cil trente feussent les jurs.
Simun par sei e par amis
En cel numbre se fud mis;
Un el numbre de trente fu,
2036　Meis n'i ad bien sun curs tenu.
Tute fud fause la luneisun,
Trop grant bisexte i fist Simun;
Trop de curre se hasta
2040　Quant a la Lune se acosta!
La amie sun meistre enprist a amer,
Meis nel vout si tost mustrer,
Kar il vuleit mieuz attendre
2044　Tresque il la peust si prendre
Que aver la peust a glorie greinnur,
Que ne lui turnast a deshonur.
Nepurquant tut sun secrei
2048　Dist a mun frere e a mei,
E de celer mult nus requist
Le cunseil que il nus dist.

2020 lune *scored through between* ceo *and* la　　2045 la *interlinear addition by corrector*

Mult nus pramist granz amurs,
2052 Granz buntez e granz honurs
Si a lui vulsissum tenir
E sa cuvine nient descuvrir.
Il nus fud tut cunuissant
2056 Que ceo fud que il ala querant:
Veineglorie e estre quidé
Plus puissant que il n'ad esté;
E de sun enchantement
2060 Tut nus cuneut priveement.
Granment nus pramist a duner
Si od lui vulsissum arester
E a ses arz cunsentir
2064 E pur meistre lui tenir,
Kar mult saveit merveilles mustrer
Parunt il freit asez quider
Que tut fud veir ceo que il dirreit
2068 Pur les merveiles que il freit.
Kar, ceo dist, si l'um li queist,
E il par art se entremeist,
Veu ne serreit ne truvé
2072 Tresque lui venist a gré.
Puis quant vuldreit, veu serreit,
E munz e roches trespercereit;
Del sum de un munt se lerreit chair
2076 Senz blesceure u mal suffrir.
Si il avenist que il fust pris
E fust en forz liens mis,
En haste serreit delivrez
2080 E ses liurs freit estre liez:
Il desclorreit tute serrure.
Ymages feites par enteillure
Issi freit par sei muver   *154v*
2084 Que l'um les peust vives quider;
Arbres neves e vergiers granz
Bien sout faire fruit portanz.

2084 auiues

En feu se mettreit senz arsun
2088   E si changereit sa faceun
Que ne serreit pas cunuz;
Petiz enfanz freit barbuz.
Il refreit par artimages
2092   A sei meisme dous visages;
Berbiz u chievre devendreit
E, si lui pleust, par le eir volereit.
Or asez savreit mustrer,
2096   Faire reis e puis degraer;
Il se freit pur Deu tenir
E aurer e servir,
Issi que ymages li fereient
2100   Cil ki pur Deu le tendereient.
      Aucune fiethe fud avenu
Que il es champs esteit eissu:
Sa mere, Rachel, dit lui aveit
2104   Que blé es champs seir deveit.
Il vit u la faucille jut,
Meis pur lever la ne se mut,
Einz cumanda que ele seiast
2108   Senz ceo que hume la tuchast!
La faucille ne tarja nient
Que ne feist sun cumandement;
Dis tant seia que cumpainun
2112   Ki seiant fust a cele messun!
Mult i avereit a cunter
Ki tut vulsist remembrer
Quanque il dist que faire pout   *155r*
2116   E que nuvelement fait out,
Kar de nuvel out trespercé
Un grant munt e parmi passé;
Tel vergier out feit de nuvel
2120   Ki mult esteit fluri [e] bel.
      Quant nus eumes cest oi,
Mult en fumes esbai,

2096 reis reis *with first scored through*   2100 deu se tendereient

E mult en fumes merveillié
2124 Del vergier e del munt percié,
Kar ceo que del munt diseit
Dous fiethes, ceo dist, feit aveit.
Jeo e mun frere entendimes
2128 Partant que nus de lui oimes
Que mult esteit de male vie,
E dutamus sa cumpainnie.
Asez seumes que n'out dit rien
2132 Dunt peust surdre puint de bien,
E asez fumes seur
Que tut fud oevre de malfeitur.
Tut nus deist cest e asez pis,
2136 A lui nepurquant nus fumes pris.
Od lui alamus, ses maus siwimes,
E pur lui asez mentimes
E suffrimes que il deceut
2140 Tute la gent que il vout.
Tant alames pur lui mentant
Que pur deu le tindrent alquant
Senz ceo que rien eust mustré
2144 De ceo dunt se iert vanté.
    En la premur, quant mis se fu
En la suite Dositheu,
De sun meistre prist a mesdire   *155v*
2148 E despreisier sa maniere:
Il dist que il iert nescient
E quanque il diseit ateinst a nient;
De sun meistre asez dist
2152 Que il ne iert pas tels cum il se fist.
Meis quant ceo Dositheu sout
Que Simun de lui mesdit out,
Vers Simun se curucea,
2156 Sun los par lui perdre duta.
Il mist Simun en parole
Quant il vindrent a l'escole.

2126 feit *added to right of text*   2143 ce *of* ceo *written on erasure*

La le fist neu despuillier;
2160　Batre le vout pur sei vengier,
Meis al ferir de la curgee
Le cop chai cum en fumee:
Simun sun meistre enchanté out
2164　Que rien al batre ne lui neut!
Mult fud Dositheu esbai
Quant de Simun out failli
Que ne se pout de lui vengier
2168　Ne par batre damagier,
E pur tant cum il out veu
Pensé ad que il fust Deu.
Dunc demandat a Simun
2172　Si il iert celui ki out nun
Vertu Estant, kar si il le esteit,
Senz demure le aurreit.
Simun respundi: "Ceo sui jeo!"
2176　E quant Dositheu oi ceo,
As piez Simun chaudpas chai
E sa mestrie lui rendi.
Il le aurat cume Deu
2180　Sil fist meistre en sun lieu;
Sei meisme mist en lieu Simun,
El numbre de trente se fist un.
Dositheu puis cest poi vesqui;
2184　Aprés ses jurs Simun saisi
Lune, sa amie, cum sue,
E tresque cea l'ad meintenue.
Simun fist merveille grant
2188　De cele Lune, mult gent veant:
En une tur la fist ester,
A une fenestre hors guarder;
La fist par enchantement
2192　Que avis fud a la gent
Ki esturent tut entur
E esguarderent vers la tur
Que fenestre n'i out neis une
2196　U apuiee ne fust la Lune.

156r

Issi fud a tuz avis
Que tuz la virent enmi le vis:
Veue esteit de tutes parz,
2200 Ceo fist Simun par ses arz.
Tels merveilles fist asez,
E nus ki fumes ses privez
Li alames cunsentant
2204 E a ses maus partut aidant.
[I]l nus mustra ses cunseilz,
Dunt avint que aucune feiz
Le requeimes mult de dire
2208 De ses oevres la maniere.
Il nus cunuit en priveté
Oevre de trop grant cruel[té],
Kar par la aume de un enfant
2212 Ki murdri fud par surfeit grant
E cruelment esteit ocis
Tut ceo feseit dunt out le pris.
Innocent e virgene esteit
2216 Le enfant que il si mort aveit;
Simun la aume enchanta
E tant forment la cunjura
Que tut a force la fist venir
2220 Pur lui dire sun pleisir.
Quant il cest cuneu nus out,
Jeo enquis si la aume pout
Saver e dire de tele chose
2224 Puisque del cors iert forsclose.
Dunc dist Simun: "Seur seez,
Quant cors e aume sunt sevrez,
Dunc ad la aume premier lieu
2228 De tut saver aprés Deu!
E pur ceo que ele tut seit
Quanque puis avenir deit,
Li enchantur par nigromance
2232 Pur aprendre lur dutance

156v

2215 esteit *expuncted between* Jnnocent *and* e

La funt par destresce grant
A lur sumunse venir avant."
    Dunc demandei des oscis
2236 Purquei de lur enemis
Ne se vengent e lur cors
Dunt a force sunt geté hors
Quant de tel puissance sunt.
2240 Simun a ceo me respunt:
    "Quant la aume del cors est eissue,
Chaudpas ad bien entendue
Que le juise Deu vendrat
2244 U checun sa soute prenderat,
Seit a pru, seit a perte,
Kar bien savrat sa deserte;
E partant que entendu ad
2248 Que le juise tut vengerat,
De sei venger n'ad talent,
Kar le derein juise atent
U li homicide avrat pis
2252 Que si il ci fust oscis.
E tut fust si que se vuldreit
La aume vengier, nel porreit,
Kar ele n'ad pas tele poesté
2256 Que faire peusse sa volunté,
Kar li angele ki sur lui sunt
E meistrie sur lui unt
Ne lui sufferunt de eissir
2260 Ne que face sun pleisir."
    Jeo respundi demeintenant:
"Que deit que la aume vient avant
E feit le gré a l'enchantur
2264 Ki tant li est cruel e dur,
Quant li angele nel greent mie
Ki la aume unt en lur baillie?"
    "A grant force," ceo dist Simun,
2268 "E par mult grant conjureisun

157r

2267 simum *with final minim erased*

Leissent li angele la aume aler
Puisque la unt receu a guarder,
Kar par le nun de lur maiur
2272 Que il avuent pur seignur
Tant forment les cunjurum
E tel force lur feisum
Que ne poent cuntrester   *157v*
2276 Que lur ne estuesce la aume leisser.
Li angele en ceo ne pechent nient,
Meis nus i pechum mult griefment,
Kar de nostre cunjurisun
2280 Unt il escusaciun
Quant a force les feisum faire
Ceo que lur vient a cuntraire."
        Quant Simun aveit tut cest dit,
2284 Niceta avant trop tost saillit
E ceo dist que en purpos oi,
Meis attendre voil un poi
Pur mieuz enquerre e espeschier
2288 E sa malice mieuz cerchier.
        Dist Niceta: "Dun n'avez pour
De cel juise e del jur
Dunt vus parlez que il vendrat
2292 E le mund tut jugerat,
Quant les angeles si cunjurez
Que les aumes lur desforcez,
E pur ci honur aver
2296 La gent faites meserrer,
E vulez le honur vers vus traire
Que l'um deit a sul Deu faire?
Que iert de vostre enseinnement,
2300 Que vus nus dites e a plus gent,
Que jugement nul ne vendrat
Puisque cest siecle passé serrat,
E qui vus faites entendre el
2304 Que aume de hume est mortel,

2278 m*u*lt *interlinear addition by corrector*   2290 Del cel iuise

Quant ci nus avez recuneu
Ceo que vus avez des uilz veu;
E ceo vus avez regei   *158r*
2308   Que vus meismes avez oi
Que la aume meisme vus ad dit
Que senz murir tutdis vit,
E que tel soute prenderat
2312   Cum ci deservi averat?"
Simun tut pale est devenu,
E mult se tint a cunfundu;
De ceo que il out tant recunu
2316   Mult mieuz vousist aver teu.
Les diz Nicete n'ad pris a gré,
Kar de respundre fud esguaré.
Nepurquant purpensé se est
2320   Quant il ne out sun respuns prest,
Puis se treist del tut ariere
De quanque out dit cum trechiere.
Sei meisme del tut desmenti
2324   E sifeit respuns nus rendi:
"Ne sui pas tels cum vus quidez!
De autre maniere sui asez,
Kar Antoine ne iert pas mis pere,
2328   Ne jeo ne sui pas enchantiere,
Ne Lune ne est pas ma amie:
Tut sui de autre seignurie.
Einz que Rachel Antoine eust
2332   U que de eus asemblee fust,
Jeo en Rachel fui cunceu
Tant cum ele virgene fu,
E dunc fud en ma poesté
2336   De neistre a ma volenté:
De petit neistre u de grant
Trestut fud a mun cumand,
E de mei mustrer a la gent   *158v*
2340   Sicume me venist a talent.

2336 uolunte *with* u *expuncted and* e *added above*

Meis vus primiers ai a mei pris
E de vus ai feit mes amis
Pur vus primes espruver
2344   Si me vulsez fei porter,
E pur vus mettre en honur tel
Que grant lieu aiez el ciel.
En guise de hume tut menti ai
2348   Quanque jeo einz a vus parlai
Pur saver si vus me amez
En la fei que me devez."
    Mult le ai a cheitif tenu
2352   Quant il me out issi respundu;
Tant vi de sa malveistié
Que mult me sui esmerveillié.
Hunte en oi, e pour grant
2356   Que mal ne nus alast querant.
Pur ceo fis signe a mun frere
Que par semblant traisist ariere.
    Dunc dis a Simun: "Sire Deus,
2360   Ne seumes pas que feussez teus;
Ne vus desdeinnez pas vers nus,
Nus e nos queors avez od vus!
Recevez nus e nostre amur,
2364   Kar mult avum esté entur
De entendre que fust Deus,
Cume nunsavanz e morteus!
Ore avum nus bien apris
2368   Que cil estes que avum quis."
    Asez lui dis de tel maniere,
Lores quida li trechiere
Que del tut deceu fuissum   *159r*
2372   Pur le semblant que fesium:
"De vus," ceo dist, "merci avrai:
Cume Deu me amez, bien le sai.
Amé me avez e mot n'en seustes,
2376   Al querre de mei ne aparceustes.

2342 e *added in left margin*   2361 pas *interlinear addition*   2374 sai *written on erasure*

Meis ne vuil que mes dutez:
Jeo sui Deu que quis avez!
Cil est Deus ki estre poet
2380   Petit u grant quant il voet:
Ne poet par el mieuz estre seu
Ceo que jeo sui puissant e Deu.
Meis ore la verté vus dirrai
2384   De la merveille que feit ai.
            Aucune fiethe par ma vertu
Le eir en ewe changié fu;
Cele ewe en char e sanc turnai
2388   E un nuvel hume en furmai.
Enfant le fis e mis en vie
Par mult greinnur mesterie
Que ne fist Deu le Creatur
2392   Ki la gent tienent a Seignur:
Il fist sun hume terrien,
E jeo de l'eir ai feit le mien;
E mult est plus fort a faire
2396   Figure de l'eir que de terre!
Quant mun hume de l'eir feit fu,
La dunt iert pris le ai rendu,
Meis nepurquant en peinture
2400   Ai retenu cele figure
Pur faire a genz demustrance
E memoire de ma feisance."
            Nus ki cest de lui oimes   *159v*
2404   Purquei le out dit entendimes:
Pur le enfant que mort aveit
E par qui il ses maus feseit.'

            Bien out seint Pierre escuté
2408   Quanque Aquila out cunté.
Ne se pout tenir de plurer,
Atant si cumencea a parler:

'Mult tieing a merveille grant
2412 Que Damnedeu est si suffrant,
E merveille est de plusurs genz
E de lur fol hardemenz.
Quant iert mes truvee reisun
2416 Ki face entendre a Simun
Que le juise Deu vendrat
U Deus les maus jugerat,
Quant il meismes bien le entent
2420 Par sun propre esperement,
E il meisme est cunuissant
Que la aume lui est obeisant
E vient avant a sun apel,
2424 E dist que ele n'est pas mortel;
E tut cunuist e desclot
Ses demandes de mot en mot;
E quant la verté ad enquis,
2428 Tute sa entente ad puis mis
De mesfaire a escient,
Dunt il vers Deu trop mesprent?
Al veir dire, mar fud nez,
2432 Kar de deables est enginnez,
Kar cunuissant jameis nen iert
De ceo dunt il est trestut cert.
Ja de mesfaire ne cessarat   *160r*
2436 Tant cum en cest siecle viverat!
Suvent avient, e trop est veir,
De plusurs genz que unt saveir
E entendance de Deu receu,
2440 Par que il unt bien entendu
Que feit a creire e que nun
Par proeve de vive reisun,
Ki puis par pechié e par vice
2444 Dunt sunt encumbré par malice
Tant se sunt enorguilli
E cuntre Deu endurci

2411 merueillie *with second* i *expuncted*

Que par malveise enrievreté
2448   Cunuistre ne vuilent verité,
Tut le eient si bien entendue
Cum si des uilz la eient veue.
Suffire a hume asez porreit
2452   Si sun Seignur amer vuleit
Sulung la lei de nature
Ki est asise en dreiture,
Kar cel amur est si grant
2456   Que a salu est suffisant.
Meis li Deable ad sustreit
La amur que hume a Deu deit,
E ces feit estre enemis
2460   Ki estre deussent Deu amis,
Kar mult grieve de hume al Deable
Quant a Deu est redevable
E recunuist a Seignur
2464   Celui qui est sun Creatur.
Bien en trai en testimoine
Ciel e terre senz autre essoine
Que si li Deable mal feire peust   *160v*
2468   Tant cum il en volenté eust,
Pose ad fust le mund perdu,
Meis tenu le ad la merci Deu.
E si a ceo tuz turné feussent
2472   Que Deu amassent sicum il deussent,
Tuz senz faille sauf serreient;
Mar puis del Deable se dutereient,
Tut fust si que trespassassent
2476   E nepurquant se justisassent
Si que par chastiement
Turnassent a amendement.
Meis li Deable ad purpris
2480   Les queors de plusurs e enz se est mis,
E feit les ad Deu enemis
Par bien leisser pur faire pis,

2474 se *interlinear addition by corrector*

E la amur ad vers sei treit
2484   Que hume a Deu rendre devreit.'

Plus dist seint Pierre que jeo ne di,
Meis pur ennui nel mettrai ci.
E Aquila demandes fist
2488   A ki seint Pierre asez dist;
A chescune questiun
Bien ad rendu sa reisun.
Puis requist que l'um lui deist
2492   Quei Simun aprés ceo feist
Que aparceu se ierent li dui frere
Que Simun esteit si trechiere.
    Dunc dist Niceta: 'Quant si fu
2496   Que Simun aveit entendu
Que nus eumes entercié
E lui e sa malveistié,
E nus ceo meisme entendimes,   *161r*
2500   Cunseil de partir en presimes.
De ses maufeiz asez parlames;
De lui del tut nus en turnamus
E venimes a Zacheu
2504   Ki bonement nus ad receu.
A lui cuntames quel reisun
Nus eumes truvé od Simun;
Tute lui deimes la verté
2508   Sicum la avum a vus cunté.
Zacheu de joie nus aprist
Quel fud la fei Jesu Crist;
En cumpainnie nus ad mis
2512   Des fedeilz Deu: la sumes remis.'
    Quant Niceta out dit cest,
Zacheu atant entré i est
Ki un poi einz iert eissu,
2516   E dist que Simun iert venu.

2493 lui *with final two minims erased*   2498 *second* i *of* malueistie *interlinear addition*
2501 *final* s *of* ses *written on erasure*

Venuz iert grant pueple od lui,
E Simun estut enmi:
Tut cil a lui se teneient
2520   Pur les merveilles que oi aveient.
Ne pout seint Pierre mes demurer,
Venir le estut pur desputer.

Atant vout seint Pierre urer,
2524   Pur ceo fist Clement remuer,
Kar Clement sul esteit paien,
E tut li autre Crestien.
Puis dist as autres cumpainnuns:
2528   'Feisum a Deu ureisuns
Que il me seit ui aidant
Sicum jeo sui sun servant,
Kar jeo vois pur la salu
2532   De tuz les humes ki sunt venu!'
Quant il e si cumpainnun
Feit eurent lur ureisun,
Seint Pierre s'en est alé avant
2536   La u il vit la asemblee grant.
Enmi eus estut Simun
Sicum portast lur gumfanun.
Seint Pierre se tint e se teut
2540   Tresque il vit que il out escut;
Q[ua]nt il pout escut aver,
Desdunc cumencea si a parler:

'Seinnurs ki ci estes venuz,
2544   La peis Deu seit od vus tuz
Ki vus estes apresté
De receivre verité!
Ki recuiller la vuldrunt
2548   E cele grace a Deu en frunt,
Deu tel luier lur en rendrat
Ki jameis fin nen avrat
Si de la verté que avrunt prise
2552   Uvrer vuldrunt sulunc justise.

161v

Pur ceo cuvient que tute gent
Prengent en ceo cumencement
De faire enqueste que seit justise
2556   Ki a Deu pleise e que il prise,
E aprés ceo de sun regne
Que l'um de aver peust estre digne.
Justise est bele vertu
2560   Par ki iert bien entendu
Que fait a faire, que a leissier.
El regne Deu iert le luier
De ces ki ci sunt traveillant   *162r*
2564   E bonement pur Deu suffrant:
Ki de bien faire se penerunt
Bien pardurable la avrunt,
E qui cuntre Deu avrat esté
2568   Que feit nen eit sa volenté
Sulunc ses maus peine avrat
Ki fin prendre ne porrat.
Mestier est que jel vus die,
2572   Vus estes mis en ceste vie
Pur la volenté Deu saver
Tant cum espace poez aver.
Chescun deit estre en purpens
2576   Tant cum il ad lieu e tens:
Chescuns penst de l'amender,
Kar trop en poet l'um demander
Ki ne se veut de mal retraire,
2580   Meis se entremet de enqueste faire
Del regne Deu e sa justise
Cument peust estre cunquise:
Fous iert ki la enqueste frat,
2584   Kar ja a chief ne en vendrat!
Le tens est brief, e tuz i murrum
E ci gueres ne demurrum.
Le juise Deu vendrat

2571 iel *erased before* que   2583 est *expuncted before* iert   2584 r *of* Kar *interlinear addition by revisor*

2588	U respundre cuvendrat
	De ceo que ci feit avruns:
	N'i avrunt mestier questiuns!
	Pur ceo vus cuvient tut avant
2592	De mult estre enquerant
	De la maniere de bien vivre
	Par quei de peine seum delivre,
	E par quei peussum la venir
2596	U puissum vivre senz mal suffrir.
	Kar si par foles questiuns
	Nos tens en vein despenduns,
	De ci senz faille partirum
2600	Senz ceo que bien feit i eium;
	E quant nus vendrum devant Deu,
	Nus n'i porrum aver lieu
	Quant nus chose n'avrum feit
2604	Que lui agree ne kil heit.
	Tutes choses unt lieu e tens,
	En ceo mettez vostre sens:
	Ci est lieu de bien aprendre,
2608	Aillurs iert tens del luier prendre!
	Ne vus vienge en penser
	De vus meisme desturber
	Par change feire a nunreisun
2612	Ki face tresposiciun!
	N'est pas reinnable la maniere
	Cel de avant mettre ariere,
	Luier avantmain demander
2616	E puis penser de l'uvrer:
	Meis la bon oevre voist avant,
	Le luier sieut demeintenant!
	Purveu seum de justise
2620	Cum hume ki ad veie enprise,
	Ki tut avant bien purveit
	De quanque en chemin aver deit!
	El regne Deu vendrum partant

162v

2618 sieut *written on erasure*

2624 Ki est cum une cité grant;
     En chemin sunt de la aler
     Tut cil ki vuelent repos aver.
        [D]e Deu e de sa puissance   *163r*
2628 Ne deit l'um estre en dutance;
     Testimonie lui porte li mund
     Od tutes les choses que en lui sunt.
     Des secrez Deu ne enquerum rien,
2632 Mult nus penum de faire bien!
     Kar quant nus a Deu vendrum,
     Tuz ses secrez la savrum:
     Mar estuverat puis penser
2636 Quant l'um porrat tut veer.
     Ki sa entente en ceo met
     Que truver ne seit u ne poet
     Nient sulement nel truverat,
2640 Meis en grant errur encherrat;
     E quant ne feit ceo que deust faire,
     Meis feit trestut le cuntraire,
     Del regne Deu iert esluinnié,
2644 Neis as portes ne mettrat le pié!
     Meis ki veut aler dreit chemin
     Que venir peusse a bon fin,
     Tut sun eire a rien ne ateint
2648 Si il ne eit guiur ki le ameint.
     Al veir prophete venir estoet
     Ki bien guier e seit e poet;
     Mestier est que aprés lui vienge
2652 E dreit curs aprés lui tienge.
     Li veir prophete est Jesu Crist:
     A lui sievre, asez suffist
     Faire bien e leisser mal,
2656 Senz aler a pié u a cheval.
     Ne poet chair en errur
     Ki veut sievre lui guiur.
     Si faire vulum sa volenté,   *163v*

2624 cume *with* e *lightly erased*   2639 sulelement *with second* le *expuncted*

2660   Il nus merrat a la cité
        U nus des uilz trestut verrum
        Ceo dunt en dute esté avum:
        Il nus frat en erité
2664   Citeeins de cele cité.
            Entendez quei seit li chemin:
        Ceo est ceste vie ki treit a fin!
        Cil ki par cest chemin vunt
2668   Sunt cil ki en ceste vie sunt,
        E la porte est Jesu Crist,
        Kar par lui entre l'um e eist.
        Le regne Deu est la cité
2672   U Deus est en sa majesté;
        Pur lui veer venir porrunt
        Sul cil ki net queor avrunt.
        Ne tenez cest travail a grief,
2676   Bien en porrez venir a chief!
        Tut i eit chose ki ennuit,
        Granz est le repos ki puis sieut.
        Nostre guiur nus est prest
2680   Tutes les ures que mestier est;
        Il nus sumunt e atent,
        Kar il veut nostre amendement.
        En lui ne remeindra mie
2684   Que il dreit chemin ne nus guie
        E meint a la cumpainnie
        Ki est en pardurable vie.
            Ma sentence dit vus ai
2688   Tele cum jeo dire la sai:
        De Jesu Crist la ai apris,
        Le veir prophete dunt jeo vus dis.
        Suvent vus dei remembrer   *164r*
2692   Pur vus faire bien saver
        Que si Deu saver vulez,
        Justise primes apernez.

2661 z *of* vilz *written on erasure*   2667 chemin cest *reordered by oblique lines*   2685 *two letters expuncted and erased between* meint *and* la *with* a *added to left of text*

Ki ma sentence veut desdire
2696 Pur ceo que il mieuz quide dire
Die suef sa sentence
E puis oie en pacience!
Pur ceo quant primes vus saluai
2700 De la pais Deu vus remenbrai.'

Sa reisun out finé seint Pierre,
Atant cumencea Simun a dire:
'De vostre peis rien ne querrum,
2704 Kar de peis mestier ne avum!
Si peis e cuncorde i seit,
De ceo surdrat poi de espleit;
De la verté bien enquerre,
2708 A ceo vaut meins peis que guerre.
Amur e peis entre sei unt
Cil ki larrun e robbur sunt,
E tute male cumpainnie
2712 Asez se acorde en felunie.
Si nus pur el ci ne venimes
E rien si peis nun ne quesimes,
Pur nient i sumes asemblez
2716 Quant partut sumes acordez;
De nostre peis pru ne avrunt
Cil ki orrunt, meis gabbé serrunt.
Leissez a demander mes
2720 Que entre nus dous seit la peis,
Meis demandez la medlee,
Dunc iert la verté bien pruvee!
Si vus poez destruire errur,   *164v*
2724 Partant porrez cunquerre amur.
Ceo vuil jeo bien que vus saciez:
Quant dous se sunt entremedlez,
Dunc a primes peis serrat
2728 Quant un de eus vencu cherrat.
A mei pur ceo vus medlez!
Peis senz medlee ne querez,
Kar ne poet estre autrement;

2732   U si poet estre, mustrez cument!'

            Seint Pierre ne iert pas eguaré,
            A respuns faire ne ad demuré.
            Ceo dist seint Pierre: 'Ceo que dit ai
2736   Uncore di e redirai:
            Jeo demand peis, meis acheisun
            En ceo ne quer si bone nun,
            Kar peis ne demand jeo mie
2740   Pur granter tute folie,
            Meis peis demand que senz tençuns
            Mustrer puissum noz reisuns.
            Si nus parlum od suatume,
2744   Lores porrat chescun hume
            Ki bien le avrat escuté
            Bien entendre la verité.
            Tel custume unt aucuns,
2748   Quant vienent a desputeisuns,
            Que quant perdent lur reisun,
            Chaudpas muntent en tençun,
            Que l'um ne deive de eus quider
2752   Que vencu seient pur lur crier.
            Pur ceo requier de peis aver,
            Pur bien oir e bien parler,
            Que li un ne face cuntredit   *165r*
2756   Einz que li autre eit tut dit,
            E que l'um peusse rehercer
            Si rien est dit que poi seit cler,
            E reisun que l'um ne entent mie
2760   Par redire seit esclarzie.
            Kar avenir sout bien suvent,
            Quant l'um parole entre gent,
            Que aucuns n'ad bien entendu
2764   La reisun sicumme dite fu,
            U li uns n'ad dit apertement,
            U li autre granment n'i entent.

_____

2751 eus *interlinear addition*

Partant desir de peis aver
2768　Senz le un le autre desturber
Que senz estrif e senz barat
Venir puissum en dreit estat,
Nient par entente de reprendre,
2772　Meis pur vuler bien aprendre.
Issi poet l'um apruesmer
A la verté bien truver.'
　　　De peis i dist plus seint Pierre
2776　Ki jeo ne ci vuille dire,
N[e] ne vuil tut mettre en escrit
Quanque seint Pierre i ad dit,
Ne quanque Simun opposat,
2780　Kar li un e li autre asez parlat.
Des le cumencement le dis
Que jeo ne aveie tut enpris
Le *Livre Clement* a translater,
2784　Kar a ennui porreit turner,
E li rumanz serreit trop grant,
E jeo ne l'ai en cuvenant
De translater tuz les sermuns
2788　E les lunges desputeisuns.
De lung sermuns e lungs treitiez
Soelent genz estre ennuiez;
Poi paroles e bien asises
2792　Soelent estre en bon gré prises.
Ne vuil pas que nul se ennuit,
Kar cest rumanz faz pur deduit,
E numeement pur ceo le ai feit,
2796　A tolir ennui e mettre en heit.
Pur ceo des sermuns parlerai
Tant briefment cum jeo porrai,
Tut ausi des desputeisuns,
2800　Tut i eient grant reisuns
E tut peusse l'um profiter

165v

2777 Nne *with second* n *lightly crossed out in plummet (by revisor?)*　　2780 r *of* autre
interlinear addition

La u l'um ot genz desputer.
Kar quant l'um feit questiun
2804   E sieut la soluciun,
Cil ki le ot i poet aprendre
Si il i veut de queor entendre:
Quant un oppose e autre respunt,
2808   Cil ki l'oient amendé en sunt.
Ne tut faire, ne tut leissier,
Ne tut taire, ne tut parler,
Pur ceo que par trop u poi dire,
2812   Tels ne amende ki enpire.
Mult est tenu a grant sens
De guarder partut lieu e tens;
Pur ceo dient asez bien
2816   Li proverbe ancien
Que de tut est mesure
E sulung tens temprure.

De quanque Simun opposat   *166r*
2820   Seint Pierre bien se delivrat.
Seint Pierre la peis mult requist,
Simun del tut la cuntredist;
Quanque opposer i pout Simun,
2824   Seint Pierre faillit par reisun.
Tant unt parlé avant e ariere
Que asez changerent lur mateire:
Del mund e del Creatur
2828   E de Jesu nostre Seignur
E de la lei Moysi
Mult i unt parlé ambedui;
Mult parlerent des escriz,
2832   De la lei noeve e de la viez.
Quant Simun perdeit sa reisun,
Si se perneit a la tençun,
Kar mult alat mesdisant:
2836   Suvent le apelat nunsavant,

2804 soluciuns *with final* s *erased*   2832 *erasure between* D *and* e *of* De

Suvent le rettat de folie,
Asez lui dist vilainnie,
Heresies asez dist
2840 De nostre Seinur Jesu Crist.
N'en prist seint Pierre grant cure,
Tutdis respundi od mesure.
Mult fud forte la medlee,
2844 Meis Simun n'i out duree.
Tant mustrat seint Pierre pr[o]eves
Des viez gestes e des noeves
Que Simun ne sout que dire,
2848 Dunt il out e doel e ire.
Tant alerent desputant
Que le jur alat mult avant.
Dunc dist Simun: 'Le jur s'en veit: *166v*
2852 De plus parler a demein seit!
Cuntre mei demein vendrez,
E si pruver me poez
Que de nient seit feit le mund
2856 E que les aumes morteles ne sunt,
Desdunc partut vus siwerai
E a preecher vus aiderai.'
    Seint Pierre respunt briefment asez:
2860 'Ceo iert quel ure que vus vuldrez.'
    Simun atant s'en est parti,
E la tierce part le siwi
De tute la gent que od lui vindrent,
2864 Li autre de lui pleit ne tindrent.
Tresque a mil humes furent asmé
Cil ki od Simun sunt alé;
Tut li autre sunt remis
2868 E unt seint Pierre mult requis,
Tut a genuilz e a cutuns
E od grant devociuns,
Que vertu mustrat en eus
2872 Par quei de eus merci eust Deus.

2858 *second* e *of* preecheer *interlinear addition with* e *following* h *expuncted*

Seint Pierre en nun Jesu Crist
Sa ureisun pur eus fist
E guarit les forsenez
2876   E autres malades asez,
Puis cumandat tuz aler
E le matin repeirer.
Quant se furent tuz alez,
2880   Seint Pierre ne se est remuez;
La cumanda de aturner
E la se asist al mangier.
Od lui mangerent tut li suen,   *167r*
2884   Meis Clement, qui fud paien,
Od autres cumpainnuns ad mangié
Ki ne ierent uncore baptizié.
E que Clement ne eust suspeciun
2888   De rien nule si de bien nun,
Seint Pierre lui dist: 'Clement, ami,
Ne vus turnt pas a ennui
Si vus od mei ne mangiez
2892   Einz ceo que vus seez baptiziez!
Kar ceo que jeo si faire soil
Ne me vient pas de orguil,
Kar tant cum vus paien serrez,
2896   Od mei mangier ne porrez.
Si jeo od vus cummune eusse,
Mei meisme partant blescer peusse,
E vus n'en serriez avancié
2900   De ceo dunt jeo feusse blescié.
Kar cuntre lei est que paien
Eit cummune od Cristien,
Kar tut cil ki paien sunt
2904   E sacrifise a ydeles funt,
E puis de ceo unt mangié
Que as ydeles unt sacrifié,
Quant cummune od deables unt,

2878 *final minim of* n *of* matin *formed from partially erased* r   2888 *letter erased between* si *and* de, *with* de *written on erasure*   2889 a *expuncted before* clement   2892 baptizeez 2893 si *interlinear addition by corrector*

2908	Cumpainnuns a deables sunt,
	Dunt il ja ne ierent delivré
	Si il ne seient baptizié.
	N'est pas en mei, einz est en vus
2912	Que vus cummune ne avez od nus.
	Tut est en vostre poesté,
	Kar jeo sui tutdis apresté
	Que, quel ure que vus vuldrez,
2916	Par mei baptesme recevez.
	Jeo sui a ceo tutdis prest:
	Des ore mes tut en vus est
	U de faire, u de leissier,
2920	U de haster, u de targier,
	Kar tant cum vus en targerez,
	Ja cumune od nus ne avrez.
	Par vus meismes estes esluinnié
2924	Quant vus en avez tant targié!'
	Cest dist seint Pierre; atant manja,
	Puis dist ses graces si se reposa,
	E li autre cumpainnun tuit
2928	Se reposerent, kar il fud nuit.
	Seint Pierre levat al coc chantant;
	Ne iert pas jur, mes a l'enjurnant.
	Ses cumpainnuns vout esveillier,
2932	Meis ne iert de ceo nul mestier,
	Kar tuz veillanz les truvat
	E il atant les saluat.
	Od eus se asist, e il od lui,
2936	Chescuns vers lui dunc entendi.
	Il a parler cumençat
	E teus reisuns avant mustrat
	Del Pere, del Fiz, del Seint Espirit,
2940	E dé Escritures tant ad dit
	Que tuz se pristrent a esmerveillier
	Qu[e] buch[e] de hume pout si parler,

167v

2913 Tut est est en   2942 *letter erased after* buch

E que hume pur vanité
2944 Guerpist aperte verité.
Unches ne finat de parler
Tresque il fud jur partut cler.
  Un hume atant entré i est   *168r*
2948 Ki dist que Simun iert tut prest:
Venuz esteit e attendi,
E mult grant pueple od lui.
Simun, ceo dist, la estut
2952 E asez aveit bon escut;
Mult i parlat e mult i dist,
Del pueple enginnier se entremist;
Asez se penat de tant dire
2956 Par quei arierer peust seint Pierre.
Seint Pierre chaudpas s'en est levé
E vers la place s'en est alé,
E la se mist tut en estant
2960 U out esté le jur devant,
E tut le pueple turnat vers lui,
A lui de joie tut entendi.
Quant Simun ceo veu aveit
2964 Que li pueple joius esteit
De seint Pierre ki fud venuz,
E le semblant que firent tuz,
Mult en devint esbai
2968 E de anguisse parlat issi:
  'Mult me esmerveil de fole gent
Ki Pierres eiment e mei nient:
Amur lui mustrent e onur
2972 E mei tienent a enchantur!
Sicumme, pose ad, me unt cuneu
Einz que Pierres eussent veu,
Il est estrange, jeo sui privez,
2976 Partant deusse estre plus amez!
Bien poet veer ki rien entent
Que Pierres seit de enchantement

2965 D *of* De *written on erasure*

Ki ad vers sei trestut treit   *168v*
2980 La amur e le onur que l'um me deit!'

   De ceste e de autre maniere
   Mesdist Simun de seint Pierre.
   Seint Pierre al pueple se turnat
2984 E de part Deu le saluat;
   Vers Simun ad reguardé,
   Puis ad vers lui issi parlé:
      'Asez vus poet suffire, Simun,
2988 Pur chair en grant cunfusiun
   Vostre male cunscience,
   Mar querrez autre sentence!
   Si vus de ceo vus merveillez
2992 Que vus ne poez estre amez
   E purquei tuz vus unt hai,
   Si nel savez, jel vus dirrai:
   Vus avez mult male maniere,
2996 Kar vus estes mult trechiere;
   De verité feites semblant,
   Dunt en vus n'ad tant ne quant.
   La gent unt entur vus esté
3000 Pur saver que seit verité,
   Meis quant en vus ne unt truvé rien
   Que l'um peusse turner a bien,
   E vus veient tut cuntraire
3004 Par un dire e par el faire,
   Tuz vus heent e unt guerpi
   Quant de verté i unt failli.
   Nepurquant ne vus guerpirent
3008 Cil ki parler vus oirent
   Tant tost cum se ierent aparceu
   Que par vus serreient deceu,
   Tresque tant que venuz est   *169r*
3012 Autre ki mieuz de vus lur plest,
   De ki lur vient meillur espeir

2996 *letter erased after* estes   3008 oierent

De la verté par lui saveir:
Puis cele ure vus unt guerpi,
3016 Si se tienent del tut a lui.
Pur voz arz quidé avez
Que ja entercié ne en fussiez,
Meis ne poet pas issi estre:
3020 Esté lur avez trop faus meistre,
Kar de verté puint ne savez,
Ne vus oir ne la vulez
De tel ki bien la vus dirreit
3024 Si puint de reisun en vus esteit.
Si hanté eussez nostre escole,
Oi eussiez la parole
Que ne est chose si celee
3028 Ki ne seit avant mustree,
Ne n'est chose si cuverte
Que tut a veue ne seit uverte.'

Simun a gré rien ne prist
3032 De quanque seint Pierre dist.
Dunc dist Simun: 'Ne vuil mes
Que vus tiengez od tel gengleis!
La pramesse vus demand
3036 Que vus ier feistes, tuz oiant:
De cest mund si il feit est,
E de la aume si mortel ne est.'
Respunt seint Pierre: 'Si ceo ne fust
3040 Que autre amender ne se en deust,
Ja ma buche ne en uverreie,
Neis un sul mot ne vus dirreie!
A vus parler ateint a nient,   *169v*
3044 Kar n'i sieut nul amendement:
Vus n'i estes pas venu
Pur ceo que vuillez aver pru,
Ne pur autre encheisun
3048 Si pur cuntredire nun.

3038 e *erased before* ne   3042 dirraeie *with* a *expuncted*

Meis sicume li charuier
Ki veut sa terre bien guainier
De sa semence pert granment —
3052   Kar tut ne chiet pas uelment
Quant partie se prent a terre,
E partie chiet sur pierre
U ne poet prendre racine,
3056   E partie entre espine,
Par quei tut est aochee
U en veie defulee —
Tut ausi endreit vus di,
3060   Kar de vus rien ne me fi.
De mun travail mult perderai
En ceo que jeo od vus parlerai,
Kar de bien que vus oez
3064   Ja amendé ne en serrez.
Dire mei estoet nequedent,
Nient pur vus, meis pur la gent.'
    Dunc dist Simun: 'Jeo entend
3068   Que vus parlez od maltalent;
De od vus parler ne est mestier
Quant si vus vulez curucier!'
    Seint Pierre respunt: 'Bien vei, Simun,
3072   Que vus querez acheisun
Que par bel partir peussiez
E que en desputer ne entrissez,
Kar asez avez entendu   *170r*
3076   Que tut i serrez cunvencu.
Maltalent e desmesure
Par engin me mettez sure,
Partant vus vulez cuvrir
3080   De ceo que vus vulez partir.
Mustrez surfeit u ultrage
Ki vus vienge a huntage
Que jeo vus aie dit u feit
3084   U ki deive estre retreit,

3050 guainnier *with first* n *expuncted*

Tut seit si que teus seez
Que vus le pueple decevez!
Vus me avez ci reité de ire,
3088   Kar vus ne savez el que dire;
Entendre ne vulez reisun,
Ne rien si vostre volenté nun.'

De un e de el asez parlerent
3092   E en diverses mateires entrerent,
Meis quant Simun vit sun lieu,
De mesdire ne fud eschieu.
Aucune fiethe avant ne pout,
3096   Dunc de bien dire le preisout;
Meis tost aprés changié se est
E a mesdire iert tut prest.
Fol le apelat e nunsavant
3100   E mult alat vers lui tenceant,
E quant out dit sa vilainie,
Dit lui ad: 'Ne quidez mie
Que ceo face par maltalent
3104   Que jeo paroil si egrement;
De ces genz ai pitié grant
Que vus alez seduiant!
Pur la pitié que mei en prent   *170v*
3108   Parlé ai si asprement,
Meis ne sui pas curucié,
Tut vus aie jeo chalengé.'

A ces paroles respunt seint Pierre:
3112   'Mult estes maus quant senz ire
Si forment vus desmesurez
E tel ultrage vers mei mustrez!
Meis ne pout estre que feu ne seit
3116   La u l'um fumee lever veit.
De ceo dunt mes me opposerez
Ne vuil pas que juge seez:

3110 chalengee

Nen iert en vostre jugement
3120 Si jeo di bien u malement.
Si mes me vulez opposer
U de chose demander,
Jeo vuil que primes cunuissez
3124 Que vus ceo meisme ne savez.
Ne parlez pas pur mei aprendre,
Kar n'i poez pas ateindre
Que rien me peussiez enseinner,
3128 Kar de aillurs mei vient mun saver!
Jeo ai apris de tel maistre
Avant de ki ne poet nuls estre.
Cunuissant pur ceo seez
3132 Que ceo est que ne savez,
E jeol vus frai mult bien aprendre
Si vus i vulez bien entendre,
Kar de vostre enseinnement
3136 Ne de vostre jugement
Ne ai que faire, kar opposer
Ne devez e determiner!
Meis opposez, jeo respundrai;   *171r*
3140 Entre nus dous seit le plai,
E tute ceste bone gent
Facent de nus le jugement!'
      A ceo lui respundi Simun:
3144 'Semble vus ceo dunc reisun
Que de nus dous jugier deivent
La gent ki nient de bien seivent?'
      Seint Pierre respunt: 'Ne est pas issi,
3148 Kar de ces genz ki sunt ci
Li plusurs entendent reisun
Plus vint u trente que feit un,
Kar bien suvent sout estre veir
3152 Ceo que l'um dit en repruveir:
Ceo que li pueple veit disant
De prophetie ad semblant.

3124 meissme

Sur tut ceo tute la gent
3156   Ki ci ore sunt present
Pur grant amur que vers Deu unt
Pur nus oir asemblé sunt
Que par nus seient acerté
3160   De sei tenir a la verté.
Partant que si asemblé sunt
Que tuz une volenté unt,
Tuz les prendrum en lieu de un,
3164   E tuz jugerunt la reisun
Quant pur el ne sunt venu,
Kar voiz al pueple est la voiz Deu.
E si bien saver le vulez
3168   Que pur el ne i sunt asemblez,
Eguardez lur pacience,
En quel peis, en quel silence
Il se tienent pur escuter   *171v*
3172   Quel chief prendrat nostre parler!
Partant ai jeo grant espeir
Que Deus frat a tuz saveir
Liquels de nus dous serrat
3176   Ki la verté lur dirrat.'
        Dunt dist Simun: 'Dunt vulez vus
Que parole seit entre nus,
Que jeo mustre mun avis
3180   E vus le vostre mustrez puis?'
        Seint Pierre dist: 'Mun avis est tel,
De ceo enquerre e de nient el
Que Deu meisme cumandat
3184   La u il al pueple parlat
De bien saver sa volenté
E de lui bien servir a gré.'

        Simun atant mult le opposat,
3188   E seint Pierre ne se tarjat
Que a chescune questiun

3158 *beginning of letter erased before* nus

Ne lui rendist vive reisun.
De un e de el mult parlé unt
3192 Tant que venuz sunt al mund.
Seint Pierre pruvat que il fud feit:
De nient fud e a nient treit.
En cest firent lur jurnee,
3196 Meis ne iert pas si tost finee.
Quant Simun ne pout avant,
E la nuit vint aproeçant,
E mes ne saveit chose dire
3200 Que acuntré ne fud de seint Pierre,
Lores cumençat a jurer
Que si seint Pierre peust mustrer
Que la aume pas mortel ne fust   *172r*
3204 E que jameis murir ne peust,
Partant partut paé serreit
E desdunc tut sun gré freit.
Meis tart fud a l'ure, ceo dist,
3208 Partant al demein le mist.
Seint Pierre vuleit plus parler,
Meis Simun n'i vout plus demurer;
Simun se en est d'iloec parti,
3212 E poi de ses cumpainnu[n]s od lui.
Tut li autre remis i sunt
E tut a genuilz mis se unt;
Mis se sunt trestuz a terre
3216 Pur merci crier a seint Pierre.
Seint Pierre par sa ureisun
As malades fist guereisun.
Tuz a joie puis s'en partirent,
3220 Seint Pierre e li suen i remistrent.
Lur super la aturnerent,
A terre sistrent e mangerent,
Puis lur graces rendu unt
3224 E atant cuchié se sunt.

3200 Que al cuntre ne fud seint   3211 sei *with* i *lightly erased*

Ne sout seint Pierre leisser sun us,
Kar bien einz jur levat sus;
Ses cumpainnuns truvat veillanz
3228   E a lui tuz entendanz.
Partant que si matinaus les vit,
Mult ducement lur ad dunc dit:
     'Seignurs freres, jeo vus requier,
3232   Liquels de vus ne poet veillier
Hunte nule de mei nen eit,
Ne en face rien dunt grevé seit,
Kar grief chose est a hume   *172v*
3236   De tost changier sa custume!
Primes par poi e puis par plus
Poet hume mieuz changier sun us,
E partant ne iert nuls grevez
3240   Quant lung tens se iert usez:
Ennui ne travail n'i avrat
Puisque l'um en us vendrat.
Nus tuz ki ci ore sumes
3244   Uelment nurri ne fumes:
Ne sumes tuz de un pais,
Ne de une guise tuz apris,
Ne n'avum esté parigal
3248   De tut suffrir e bien e mal;
A lunge teise nepurquant
Acustumer ne nus poum tant
Que tut porrum suffrir bien
3252   Senz ceo que nus grift de rien.
Blescier se poet l'um malement
Par change feite sudeement:
Plus bel e mieuz le porrat faire
3256   Ki par petit se veut retraire.
Ne en vient perte ne blescure
La u l'um veut guarder mesure,
Kar asez bien le seivent tuz

3238 mieuz *added to right of text*   3248 *first* e *inserted by corrector*   3250 nus *interlinear
addition by corrector*   3253 i *of* Blescier *interlinear addition*

3260   Que de trop haster nen est pruz;
          Hume se poet acustumer
          A quanque il veut par sei user.
          Nature de hume n'iert pas blescee
3264   Quant custume est suef changee;
          Custume est autre nature,
          Meis a tut cuvient grant mesure.
          Testimoine Deu en trai   *173r*
3268   Que jeo ne mei desdeinnerai
          Si aukuns est ki veiller ne poet
          E que tute nuit dormir le estoet:
          De nuiz dorme tut a sa eise,
3272   De jurz face ceo que Deu pleise!
          Mestier est que nus pensum
          E en memoire Deu aeium;
          Si en memoire avum Deu,
3276   Li Deable en nus ne averat lieu.'
              Li cumpainnuns tuz dit lui unt
          Que de veillier grevé ne sunt,
          Kar einz de lui esveillié ierent,
3280   Meis li esveillier nen oserent:
          Nen iert reisun que esveillié fust
          Ne que levast einz que lui pleust,
          Kar par reisun ne poet estre
3284   Que disciple seit sur le meistre.
          Nepurquant, ceo lui diseient,
          Pur poi esveillié ne l'aveient,
          Kar il eurent grant desir
3288   De la parole Deu oir,
          Meis pur la amur que vers lui eurent
          De lui esveillier sei recrurent.
               Lur desir bien entendi
3292   Seint Pierre quant il ceo oi.
          Dunc lur alat reherçant
          Quanque dit out le jur devant
          De tute la desputeisun
3296   Ki fud entre lui e Simun,
          E sur tut ceo lur premist —

Par quei en grant heit les mist —
Que de nuiz lur espundreit
3300   Quanque de jurs desputereit,
E mettreit en remenbrance
Quanque eust leissé par ubliance;
U si de rien poi parlé eust,
3304   Parunt il meins entendu fust,
Le ordre mustrat e la reisun,
Tut ne l'eust guardé Simun,
Kar u il guarder nel saveit
3308   U, si devient, il ne vuleit
Pur noise e estrif lever,
Partant sout l'um suvent leisser
Mult de ceo que freit a dire,
3312   E ceo parler que freit a taire.
Simun n'i aveit parlé rien
Que l'um peust turner a bien,
Kar tut se eust tenu al desus
3316   Si seint Pierre fust conclus,
U par estrif u par mesdire
U par reisun cuntredire.
Seint Pierre espunt tut a leisser
3320   Quanque il out parlé des ier,
E ne finat de parler
Tresque il fud jur trestut cler.

Ja fud li tierz jurs venuz,
3324   Seint Pierre atant s'en est eissuz;
Fait aveit sa ureisun
E vint a la desputeisun.
Venuz i ierent genz asez,
3328   E il les ad tuz saluez.
Il vit Simun en place ester,
Partant cumençat a parler:

3310 Par sout *with* tant *added in left margin by corrector*   3319 pierre *added in left margin by corrector;* aleissir

'Seignurs,' ceo dist, 'mult sui dolens,   *174r*
3332 Si me esmerveil de plusurs genz
      Ki de aprendre funt semblant
      E ki mult sunt enquerant.
      Quant nus lur avum ceo apris
3336 Dunt il nus unt a reisun mis,
      De cel meisme meistre se funt
      E a cuntraire de ceo nus vunt;
      Demandé unt cume nunsavant,
3340 E puis nus vunt cuntredisant
      Sicum il eussent des einz seu
      Ceo que par nus unt entendu!
           Aucuns de ces ki ci sunt
3344 Par aventure mei respunt:
      "L'um demande pur aprendre,
      E quant l'um ne poet entendre,
      Meistier ad le cuntredit,
3348 U li pru en iert petit."
      Ki ceo quide u ad pensé
      Mestier ad de estre asensé.
      Entende a mei, ki ceo dit!
3352 Demande ne est pas cuntredit,
      Tut en face le semblant
      Cil ki veit mult enquerant.
      Ki demande sa dutance
3356 E prendre ne en poet entendance,
      Suvent le estoet demander
      E pur aprendre opposer.
      Ceo ne est mie cuntredire
3360 Quant uns autre feit redire
      Ceo que ad dit pur mieuz mustrer
      Sa sentence e mieuz pruver.
      Ordre e reisun guarder deit   *174v*
3364 Chescuns ki demande feit;
      De demander deit estre apris
      Que veit avant e que siut puis,

3335 ceo *interlinear addition by corrector*   3349 q *of* quide *written on erasure*

E si en ordre aler avant,
3368   Dunc iert li respuns avenant.
Ki demande malement
E en dreit ordre ne se tient
Granment de sa reisun toudrat
3372   A celui ki respundre deverat.'

Entur cest mult dist seint Pierre,
E plus que ci ne voille dire,
E Simun ne esteit pas tarjant
3376   Que ne l'alast traversant.
Quant il eurent mult parlé,
Dunc lui ad Simun demandé:
'De une chose me feites cert:
3380   Si la aume est tel que ja ne muert.
Si jeo ceo primes entendu ne ai,
Ja de justise bien ne aprendrai!
Si vus ne poez ceo pruver,
3384   Quanque vus dites ne poet ester.'
'Mieuz nus vaut,' ceo dist seint Pierre,
'Que nus nus penum de enquerre
Si Damnedeus est dreiturier,
3388   Ceo seit la demande premier!
Si tut avant ceo enquerrum,
Meillur proeve partant prendrum
De l'ordre de religiun.'
3392   A ces paroles respunt Simun:
'Alé vus estes mult vantant
De ordre guarder en desputant,
Meis mult malement le mustrez
3396   Que vus ordre guarder saciez!
Jeo demand un, vus respunez el:
Jeo demand si la aume est mortel,
Vus respunez que il est mestier
3400   De saver si Deus est dreiturier!'
Seint Pierre respunt: 'Jeo di reisun.'
'Dunc la mustrez!' ceo dist Simun.

175r

Dunc dist seint Pierre: 'Mult ad gent
3404 Ki a Deu de rien ne attent;
Mult ad genz ki Deu nen aiment
E ki pur Seignur nel recleiment.
Tute lur vie est en delices,
3408 Abanduné se sunt a vices.
Asez de tels tut en lur liz
Devant lur amis sunt finiz,
E lur amis onur lur funt
3412 De ceo que enterré bel les unt.
Autres i ad ki Deu onurent
E pur lur pechiez asez plurent;
Lur entente unt mult mise
3416 De bien vivre suluing justise;
Pesibles, castes e sobres sunt,
E autres vertuz en sei unt.
Aukuns de ces tut sul muert,
3420 Lung de genz e en desert;
U, si devient, il est oscis
Hors e lung de sun pais,
E tant de onur ne poet aver
3424 Que l'um le voille enterrer.
Dreit e justice que devendrunt
Si les aumes del tut murrunt
Que bien ne prengent pur bienfeit,   *175v*
3428 E peine as maus rendue ne seit?'
Simun respunt: 'De ceo nus vient
Que dutance trop grant nus tient
Quant nus veum les bienfeisanz
3432 A hunte aler, e les tiranz
Ki tutdis unt en mal esté
Vivre tut a lur volenté,
E puis murir al chief del tur
3436 Senz hunte e senz deshonur.'
Ceo dist seint Pierre: 'Nus sumes cert
Que la aume vit e ja ne muert;
Par ceo meisme que dit avez
3440 Que vus creire nel poez

Nus en avum certé prise
Que Deu vendrat al juise.
Bien entendum senz duter
3444   Que Damnedeus est dreiturier,
Partant est mestier e dreit est
Que autre siecle seit aprés cest
U chescun prendrat par justise
3448   Luier sulung sun servise.
Si cest siecle si asis fust
Que sa deserte chescun i eust,
Pruvé serrium asez partant
3452   Que ne feussium pas veirdisant
En ceo que disum del Deu juise
E de dreiture de justise.
Meis quant chescun ne prent ci
3456   Sicumme il le ad ci deservi,
Nus creum e ne dutum nient
Que Deus ne en face le jugement.'
        Respunt Simun: 'Si ceo est veir,   *176r*
3460   Purquei nel puis jeo dunc saveir?
Purquei ne me poez atraire
Que jeo vus peusse de ceo creire?'
        Seint Pierre respunt: 'Ceo est partant
3464   Que vus ne estes entendant
Al veir prophete, Jesu Crist,
Ki nus enseignat e nus dist:
"Le regne Deu primes querez,
3468   A sa justise vus tenez:
Partant aprendre porrez
Quanque vus saver vuldrez."'
        Dunc dist Simun: 'Releis demand,
3472   Ne vuil pas feire sun cumand.
De querre justise ne ier entur
Einz que de la aume seie seur
Si ele est mortel u nun.'

3452 s *of* pas *written on erasure*   3455 t *of* prent *interlinear addition*   3464 n *of* ne *written on erasure*

3476	Seint Pierre respunt a Simun:
	'E vus de ceo me releissiez
	Que vus de mei saver vulez!
	Faire me cuvient le enseinnement
3480	Mun meistre e nient autrement.'
	Ceo dist Simun: 'Jeo sui tut cert
	Que ja pruvé par vus ne iert
	Que la aume mortel ne seit;
3484	Vus ne en vendrez a nul espleit,
	E partant ateint a nient
	Trestut vostre enseinnement,
	E tute vostre religiun
3488	Ne ateint si a truille nun!
	En ceo faites a preiser
	Que cuintement savez parler,
	Meis ne devez estre preissiez
3492	En ceo que vus ci enseinniez,
	Kar plusurs pur vostre dit
	Leissent lur charnel delit,
	Kar tel est vostre sentence
3496	Que guarder deivent continence;
	Mis les avez en espeir
	De grant luier aillurs aveir.
	Cest siecle partant unt perdu
3500	E de autre aver sunt deceu,
	Kar quant la aume s'en ist hors,
	Tut ausi muert cum feit le cors.'
	Seint Pierre en deduit ne prist
3504	Les paroles que Simun dist:
	Sun frunt frotout, ses denz estreinst,
	Sun vis trestut de anguisse teinst;
	Suspirs de parfund getat,
3508	Asez mustrat que lui grevat.
	Tut n'i eust que curucier,
	De respundre ne vout targier:

176v

3489 i *of* faites *interlinear addition*

'Mult estes,' ceo dist, 'arteillus,
3512   En guise de serpent venimus!
Cume serpent venuz estes,
Ki plus est cuintes que autres bestes:
Deceivre vulez ceste gent
3516   Sicumme fist ja li serpent
Ki sa cuintise en ceo mustrat
Que de Parais Adam getat.
Vus par meisme la maniere
3520   Trop estes fel e trechiere;
Vus vulez estre tenu a sage,
Parunt vus faites grant damage.
Faire a creire a la gent   *177r*
3524   Vuliez, sicume fist li serpent,
Que deus fussent plus de un,
Meis mustré vus ai tel reisun
Que tut cunclus vus en ai feit.
3528   Puis en tel errur estes chaeit
Que quant vus ne poez avant,
Que nuls deus ne est alez disant:
Primes cuneustes plus de un,
3532   Cunuistre ne vulez ore neis un!
Quant de ceo cunclus vus oi
Que deus fesiez e trop e poi,
Puis vus estes turné a el
3536   E dites que la aume est mortel.
Vus metez genz en mescreance
Quant vus lur tolez esperance
De mieuz aver en l'autre vie
3540   Puisque ceste iert finie,
Si de vivre en dreiture
Mis unt entente e grant cure.
Si l'um se deit a ceo tenir
3544   Que autre siecle ne deive venir,
Dunc ne est mestier que vertu seit

3529 z *of* poez *written on erasure*   3532 ore *added to right of text*   3533 uous *with* o *expuncted*

Si l'um issi creire le deit:
Chescun partant meint sa vie
3548 En delit e lecherie;
Misericorde e justise
Ne averunt lieu en tel assise.
Vus meisme trop justifiez
3552 E de mettre mult vus penez
Ceste vie ki est mortel
En tel errur dunt est grant doel.
Mei rettez de malvestié   *177v*
3556 Pur tant que jeo ai amonesté
Que l'um se deive de mal retraire
E pur Deu amur bien feire
En esperance de meillur vie
3560 Quant la aume del cors iert partie.
Mult me vulez mal tenir
Pur tant que jeo ne vuil suffrir
Que genz peussent meserrer,
3564 Les uns les autres guerreier,
Tut destruire e tut prendre
Quanque chescun poet ateindre.
Quel iert le estat de ceste vie
3568 Si par haur e par envie
Chescun hume sur autre aut,
E si chescun autre asaut,
Si par ire e par dulur
3572 Tuz tens vivent en pour?
Ne poet estre ki mal feit
Que de ceo meisme pour nen eit,
Partant asez veer poez
3576 Quel vie ceo est que vus menez,
Que paeis haez e querez guerre,
Le dreit leissez pur tort enquerre.
De curuz faz le semblant
3580 Nient pur aler defuiant
De respundre a vostre enqueste,

3553 que est *scored through in plummet between* uie *and* ki *(by revisor?)*

Kar de dire la ai tute preste!
Senz dute aver en sui jeo cert
3584   Que la aume vit e ja ne muert;
Anguissus sui e mult trublez
Pur les genz que vus decevez.
Senz tute destresce vus dirrai   *178r*
3588   Vostre demande, kar bien la sai;
Jeo la vus dirrai — bien sai cument —
E ceo iert si apertement
Que ne iert plus mestier de pruvance
3592   Pur vus faire entendance.
Quel ure que vus le orrez,
Vus sul bien le entenderez;
Li autre puis le aprendrunt
3596   Sicumme mestier en avrunt.'
        Atant dist Simun: 'Quant jeo vei
Que vus vus curuciez si vers mei,
Mes rien ne vus demanderai,
3600   Ne mes ne vus escuterai!'
        Dunc dist seint Pierre: 'Si vus querez
Acheisun par quei vus en partez,
Cungié avez de vus retraire:
3604   Ne vus estoet acheisun querre,
Kar tuz unt bien entendu
Que vus ne avez parlé pru.
Vus n'i savez el que dire
3608   Fors demander pur cuntredire;
Nient pur el fors pur cuntraire,
Ceo poet asez chescun faire!
Ja si grant reisun ne seit
3612   Dunt l'um eit demande feit
Que l'um ne peusse legierement
Respundre e dire: "Ceo est nient!"
Meis que vus saciez que jel sai
3616   E que mustrer vus porrai
Senz grant parole la certé

3616 purrai *with* por *added in right margin by corrector*

Que la aume ne ad pas mortalité,
Une parole vus demand   *178v*
3620   Que tuz seivent, petit e grant.
Respunez mei, e senz delai
A un mot vus pruverai
Que seur serrez e tut cert
3624   Que la aume est tele que ja ne muert!'

Simun, atant que truvé out
Acheisun par quei partir se en pout —
E mes remeindre n'i vuleit
3628   Quant seint Pierre curucié esteit —
Remist uncore e arestut,
Kar tel chose oir quidout
Que a merveille peust turner
3632   Dunt il ne eust einz oi parler:
'Demandez mei,' ceo dist Simun,
'Un mot ki seit de reisun,
E que bien le entendent tuz
3636   Petiz e granz ci venuz,
Dunt jeo vus peusse respundre,
E vus partant a mei espundre
E mustrer peussiez par reisun
3640   Si la aume est mortel u nun!'
Seint Pierre respunt: 'Jel vus dirrai
E si bien le vus pruverai
Que quel ure que vus le orrez,
3644   Mieuz de autre hume le entendrez.
Que est ceo que l'um mieuz creire deit:
Ceo que l'um ot, u ceo que l'um veit?'
Respunt Simun: 'Chos[e] veue
3648   Mieuz que oie deit estre creue.'
Dunc dist seint Pierre: 'Ceo que deit,
Quant l'um seit bien ceo que l'um veit,
Que vus par mei saver vulez   *179r*
3652   Ceo que vus meismes veu avez?'

3645 *second* que *has otiose superscript* e   3647 *letter erased after* chos

'Ne sai,' dist Simun, 'ne ne vei
Cument vus parlez ne purquei.'
       Ceo dist seint Pierre: 'Si nel savez,
3656   A vostre ostel vus en alez!
Entrez la u vostre lit est,
E la truverez trestut prest
La figure de un enfant
3660   Ki tut vus est obeisant.
Oscis le avez e sa figure
Retenu avez en peinture;
Cuvert le avez de un drap purprin,
3664   Kar il vus est del tut enclin.
Demandez lui, il vus dirrat
E la certé vus musterrat
Tant par oie, tant par veue,
3668   Que bien la averez entendue!
Quel mestier est de mei oir
Si la aume deit vivre u murir
Quant vus veer la poez
3672   E vus meismes a lui parlez?
Si la aume en sei vie nen eust,
Neis un sul mot parler ne peust.
Si vus dites que ceo ne est si
3676   De l'enfant sicum jeo di,
E si vus dites par aventure
Que rien ne savez de cel figure,
A vostre ostel nus en alum,
3680   Dis cumpainnuns od nus menum
Demeintenant de ceste gent
Que nus avum ci present
Pur cerchier si il est si   *179v*
3684   Cum jeo vus ai mustré ci!'

       Simun ne aveit talent de rire
Quant cest dit aveit seint Pierre!
Mult en fud ja anguissus
3688   E mult se teneit a cumfus;
Mult lui pesat que il la esteit,

Mult mieuz aillurs estre vudreit.
Sa cunscience le huni
3692 Dunt il esteit el queor marri;
Gute de sanc ne aveit en sei,
Kar descuvert fud sun secrei.
Mult i chanjat sa culur,
3696 Kar mult aveit grant pour
Que si rien veusist desdire,
De ceo se desdeinnast seint Pierre,
Par quei a sun ostel alast
3700 E les angles tuz cerchast
Tresque tant que il eust truvé
Ceo par quei il fust cumpruvé.
        Simun seint Pierre mult requist
3704 Que del tut ne l'hunesist:
'De mei,' ceo dist, 'aiez merci,
Mun seignur Pierres! Jeo vus pri
Par cel bon Deu ki est en vus
3708 Que ne me facez plus cumfus.
Ne entendez pas a ma malice,
Faites mei tel benefice
Que de mei merci aiez,
3712 Kar jeo me repent asez!
Recevez mei a penitence,
Desdunc vus frai partut cunsence
E mettrei tut mun poer   *180r*
3716 De vus aider a prechier!
Espruvé le ai e entendu
Que prophete estes al verrai Deu;
Bien ai apris que vus savez
3720 Cunseilz de genz e lur secrez.'

        Quant Simun aveit dit cest,
Seint Pierre al pueple turné se est:
'Seignurs,' ceo dist, 'bien avez oi
3724 Cument Simun se est cunverti.

3718 prophetes *with* s *expuncted*

Il me dist que il se repent,
Meis jeo vus musterai que il ment!
Il me pramet penitence,
3728   Meis tost changerat sa sentence;
Ja tost verrez cum il asote,
Kar tut revenderat a sa riote.
Partant que jeo ses secrez sai
3732   E que ses maus descuvert ai,
A prophe[te] me ad tenu,
Meis il en est mult deceu.
Pramis ad de repentir,
3736   Meis ne dei pas pur lui mentir;
Quel part que il se vuille traire,
U a bien u a mal feire,
Ne dei pas mentir pur Simun
3740   Que que il seit, u sauf u nun.
Ciel e terre testimoni
Que ceo que jeo de lui vus di
Ne l'ai pas dit par prophetie,
3744   Kar prophete ne sui jeo mie.
Meis il out en cumpainnie
Tels ki ore la unt guerpie
E a Deu se sunt cunverti: *180v*
3748   Ces mei unt dit ceo que jeo di
Par ceo que il furent acuintez
De ses malveises privetez.
Cume prophete rien ne en dis,
3752   De cumpainnuns le ai tut apris!'

        Mult fud Simun cunfundu
Quant seint Pierre out ceo cuneu,
Desdunc cumençat a maldire
3756   E a leideingier seint Pierre:
        'Malveis,' ceo dist, 'escumengié,
Mult estes plein de malveistié,
Kar vus estes plus trechierre
3760   Que autre hume nez de merre!
De aventure vus est venu

Si jeo sui par vus vencu;
Ne vus vient pas de verité
3764 Si vus me avez surmunté!
Ne vus requis de penitence
Pur defaute de science:
De penitence fis semblant
3768 Kar supprendre vus voil partant
Que penser peussez e quider
Que jeo veusisse a vus turner.
Jeo vus quidai a ceo traire
3772 Que vus tant me deussez creire
Que trestut mei mustrissez
Voz cunseilz e voz privetez,
E quant tut apris avereie,
3776 Par ceo meisme vus cunclureie.
Par cuintise ceo entendistes,
Meis semblant nul ne en fesistes
Pur mei traire tant avant   *181r*
3780 Que tenu feusse a nunsavant.
Partant me avez tut deceu
Que vus en estes aparceu,
E par vus faire mescuinte
3784 Fait me avez ceste hunte,
Kar feit avez a ceste gent
A creire que jeo sui nescient.
Vostre cuinte purveance
3788 Suppris me ad e feit grevance,
Kar dit avez tut avant
Que jeo ne ier pas veir repentant,
E que aprés ma penitence
3792 Repeirereie a ma sentence.
Cest avez mustré avantmein,
Partant sui suppris e mei desdeing
Que jeo sui mené atant
3796 Que mei cuvient estre cunuissant
Oiant le pueple ki est ci

3779 Par *scored through with* pur *written above by revisor*

Que jeo unkes ne mei repenti.
Par cuverture tut le dis,
3800 Meis vus me avez si suppris
Que ne me puis cele part turner
Que defense en peusse aver.
Kar si jeo sui veir repentant,
3804 Pruvé sui demeintenant
Que jeo ai esté en errur,
E ceo me turne a deshonur;
Si jeo di que ceo est nient
3808 E que de rien ne me repent,
E de ceo meisme avez guarni,
Tute la gent ki sunt ci
Partant mei tienent a vencu   *181v*
3812 E vus a sage unt tenu.
Guarde de vus ne mei dunai,
Pur ceo meins mei cuntregueitei;
Poi mei fui de vus purveu,
3816 Partant sui jeo tut deceu.
Cuintes estes e arteillus,
Meis ne quidai pas ceo de vus.
Cest mestier avez mult en us,
3820 Entercié mei avez, e jeo nient vus.
De verité ne vus vient mie
Si vencu sui a ceste fie;
Ne vus deit turner a gloire
3824 Si vus avez la victoire,
Kar de aventure vus vient
E de autre chose nient.
Nepurquant bien ai entendu
3828 Purquei cest mei est avenu:
Mustré vus ai bunté grant,
Kar parlé ai tut en estant
E pacience ai vers vus eu,
3832 Partant mei sui jeo meins purveu.
Meis des ore musterai
Ki jeo sui e que sai;
Mustrer vuil ma poesté

3836 E tant de ma divinité
Que sempres a terre charrez
E cume Deu mei aurrez!
   Jeo sui la premiere vertu
3840 Ki tutdis est e tutdis fu.
El ventre Rachel mei sui mis,
Char e sanc ai en lui pris;
Hume en lui sui devenu   *182r*
3844 Que de humes peusse estre veu.
Jeo ai volé en le eir en haut,
Mis me sui el feu tut chaud
Senz arsun e senz blesceure,
3848 E fait i ai tel medleure
Que mun cors e li feu
Une substance sunt devenu.
Ymages ai feit par sei muver,
3852 Vie lur ai feit aver;
La vie lur ai puis toleit,
E de pierre ai pain feit.
De munt en autre ai volé,
3856 E li angele mei unt porté:
Entre lur meins mei unt pris,
De ciel en terre mei unt suef mis.
Cest e el asez fait ai
3860 E uncore faire porrai,
Partant poet bien estre seu
Que jeo senz faille sui Fiz Deu.
Jeo sui Deu tuz tens estable,
3864 E mun estre est pardurable;
Cil ki en mei creire vuldrunt
Pardurable vie avrunt,
Meis a vus ne deit l'um creire
3868 Quant vus rien ne poez faire,
Nient plus que vostre meistre pout
Ki deliverer ne se sout
De la mort u liveré fu

3837 *letter erased before* charrez   3863 deu sui *reordered by oblique lines*

3872   Quant il en cruiz iert pendu:
        En cel puint ne lui valut nient,
        Tut seust il de enchantement!
        Vostre parole est tute veine   *182v*
3876   Quant vus ne mustrez uveraine
        Ki seit proeve de verité,
        Kar pleins estes de fauseté!'
            Dunc dist seint Pierre: 'Ne metez sure
3880   Vilainie ne desmesure
        A ces ki de ceo culpes ne unt!
        Asez seivent tut cil ki ci sunt
        Que vus estes enchantere
3884   Partant que il vus unt oi dire,
        Kar vus en estes cunvencu
        Par ceo que vus avez ci cuneu.
        Ne est mestier de estrif prendre
3888   Pur nostre meistre defendre,
        Kar asez est e plus iert seu
        Que il sul est bons e le Fiz Deu.
        Asez ai jeo parlé de lui
3892   A ces que jeo parler dui,
        E uncore parlerai
        La u lieu e tens verrai.
        Meis si vus vulez desdire
3896   Que vus ne seez enchantiere,
        Alum la u vostre ostel est
        Od tut le pueple ki ci est:
        La parrat senz plus enquerre
3900   Que vus estes enchantierre!'
            Cest ne plout pas a Simun,
        Pur ceo muntat en tençun:
        Mult criat e mult maldist
3904   E mult grant noise i fist
        Que partant acheisun eust
        Que d'iloec partir s'en peust
        Senz ceo que genz le escriassent   *183r*
3908   E que a vencu le jujassent.

Seint Pierre ne se en parti mie,
Tut lui deist cil vilainie,
Ne pur crier ne pur tencer
3912   Ne se vout d'iloec remuer,
Kar si pur noise u pur cri
S'en fust d'iloec departi,
Aucuns ki ceo veu avreit
3916   A vencu le jugereit:
Mult se est seint Pierre ferm tenu
Que jugié ne fust a vencu.
Simun estut e mult bareta,
3920   E seint Pierre mult le hasta
Tant que li pueple se est desdeigné
E de la place ad Simun geté.
Hors des portes fud mis Simun,
3924   De tut le pueple ne siwit fors un;
Simun s'en partit od celui sul,
De tuz les autres ne en partit nul.
Seint Pierre remist e arestut,
3928   Vers lui se turnat li pueple tut.
Tuz lui fierent escut aver,
E il dunc cumenceat a parler:
    'Seignurs freres,' ceo lur ad dit,
3932   'Ceo que Deu plest ne vus ennuit!
Ceo que Deu sueffre, bien sueffrez,
Des maus ne seez ennuiez!
Pur Deu devez tut suffrir,
3936   Kar si lui venist a pleisir,
Bien porreit prendre vengement
De ces kil servent malement:
Tost les porreit morz geter,   *183v*
3940   Neis un ne en porreit eschaper.
Meis ceo ne lur feit Deus mie,
Einz les sueffre en ceste vie
Pur bien mustrer sa bunté
3944   E pur pruver lur malveisté:

3944 malueistie *with final* e *erased and* i *reformed to* e

Il les sueffre e atent
Tresque al derein jugement.
E quant issi le sueffre Deus
3948   Senz ceo que sei venge de teus
Ki cuntre lui se sunt pris,
Meis en respit ad tuz mis
Tresque lui vienge a pleisir,
3952   Purquei nel porrum nus suffrir?
Pur sul Simun nel di mie,
Ki malfez unt en lur baillie,
Meis pur autres asez le di,
3956   Kar si li Diable eust failli
De Simun que ne l'eust atreit
E sa volenté ne en eust feit,
Autre senz faille truvé eust
3960   Ki tut a sa volenté fust.
Kar tant cum cest siecle durrat,
Senz escandele estre ne porrat,
Meis mult maleurez sunt tuz
3964   Par ki escandeles sunt esmeuz.
Mult feit a pleindre chaitif Simun
Ki Deable ad si en bandun:
Deable est entré dedenz lui
3968   E a sun oes le ad choisi.
Ceo lui vient de ses pechiez
Dunt il se est, pose ad, encumbrez;
De ses granz pechiez lui vient   *184r*
3972   Que Deable en poesté le tient.
Que puis jeo de Simun dire
Quant il ne amende, meis empire?
A Jesu Crist fud cunverti,
3976   Semblant fist de creire en lui;
Bien ad apris e tut est cert
Que aume de hume jameis ne muert.
Deables se sunt en lui mis,

3947 les *with* s *expuncted*   3952 t *erased after* porru*m*   3962 ia ne serrat *added after*
estre ne porrat *as alternative*   3964 esmuez   3966 an *erased after* si   3974 il *interlinear*
addition by corrector

3980 Par ki il est si supris
   Que murdri ad un enfant
   Dunt deable le vunt decevant.
   Cil mort enfant feit ceo que il veut
3984 E ses demandes asez lui sout,
   Meis il en est mult gabbé,
   Ne est pas sicum il ad quidé.
   Ceo ne est pas le mort enfant
3988 Ki si veit od lui parlant,
   Ne ceo ne est la aume que il veit,
   Meis est li Deable kil deceit
   Ki sei mustre en tel figure:
3992 Partant le asote e aseure
   E tient si en sa baillie
   Que ne se poet repentir mie.
   De fantosme quider le feit
3996 Que ceo la aume al mort seit
   Pur cumfermer le en errur
   E pur lui feire plus seur —
   Tut ne seit ceo verité —
4000 Que il eit la aume en poesté.
   Nepurquant sulum sun avis
   Parlé ai, partant iert suppris.
   Mult feit de Simun a duler   *184v*
4004 Que il ne se veut amender
   Quant il ad bien entendu
   Par les Jueus od ki il fu
   Que la venjance serrat prise,
4008 Quant vendrat le derein juise,
   De ces ki mal feit avrunt
   E repentant ne en serrunt.
   Pur ceo, seignurs, vus cunvertez,
4012 De voz pechiez vus repentez,
   A genuilz vus mettez a terre
   E pensez de merci requerre!'

3996 l *of* al *interlinear addition*

A ceo que seint Pierre ceo dist,
4016   Tut li pueple a terre se mist.
Vers le ciel guardat seint Pierre,
Od lermes i fist sa preiere,
E mult requist devotement
4020   Que Deus eust merci de cele gent,
E que si oir le deust
Que tut cil pueple sauvé fust.
Puis dist que tuz s'en alassent
4024   E le matin repeirassent.
Tut li pueple se en parti
Quant il aveit ceo oi:
Del pueple n'i remist hume.
4028   Seint Pierre i fist sa custume:
Ne se vout de rien changier,
Meis la sei asist al mangier.
Il e li suen iloec mangerent,
4032   Aprés mangier sei reposerent.

Seint Pierre bien einz jur levat,
Ses cumpainuns veillanz truvat;
Il les saluat, puis se asist.   *185r*
4036   Niceta parlat premiers e dist:
'Mun seignur Pierres, kar me oez,
Cungié de parler mei dunez!
Jeo vus vuil demande faire,
4040   Meis nel pernez a cuntraire!'
Seint Pierre respunt: 'Jeo vus grant
De dire tut vostre avenant,
E nient a vus sulement,
4044   Meis a tuz cumunement:
Chescuns ore e autre fie
Ceo que lui plest demande e die!'
Niceta mult le ad mercié
4048   Quant de demander out cungié,
Puis lui ad dit: 'Ceo que deit
Que Simun tels merveilles feit
Quant il est si cuntre Deu?

4052 Senz ardeir sei met el feu;
   Pierres feit resembler pein
   E feit baer chiens de arein;
   Il feit ymages par sei muver
4056 E poet il meisme par le eir voler.
   De ceo se vante e rien ne ment,
   Tut le poet faire, ne sai cument.
   Ki cest e el en lui veit,
4060 Est ceo merveille si il le creit?
   Quant cil ki de part Deu sunt
   Miracles granz de part Deu funt,
   E cil ki sunt cuntre lui
4064 Lur merveilles funt ausi,
   Cument porrat l'um saveir
   Quei seit faus e quei seit veir,
   De ki l'um sei deit retraire   *185v*
4068 E a ki l'um deverat creire,
   Quant feire poent ses enemis
   Ceo meisme que funt ses amis?
   E la gent quels culpes unt
4072 Ki les merveilles que cil funt
   Asez unt oi e veu,
   Tut ne seient aparceu
   Si cil kis funt sunt bons u maus
4076 U si sunt verais u faus,
   E ne seivent acheisun
   Par quei deivent creire a l'un
   E pur lui mettre le autre ariere
4080 Quant il ne seivent lur maniere?
   E si l'um deit partant creire
   Que l'um veit miracles feire,
   Purquei ne iert cil tant culpable
4084 Ki creit Deu cum ki creit Deable
   Quant il ne seit que el i eit
   Fors que tut de part Deu seit?
   La gent de Egipte quels culpes eurent

4076 faus *written on erasure*

4088   Quant as merveilles Moysi ne creurent
        Quant il les enchanturs virent
        Ki les merveilles cuntrefirent?
        Pur mei le di, par aventure
4092   Si jeo eusse esté a cel ure
        Quant Moyses e Aaron
        Vindrent devant Pharaun,
        Ki de Egipte reis esteit
4096   E enchanturs od sei aveit
        Ki merveilles asez mustrerent
        Ki les feiz Moysi resemblerent,
        Par aventure jeo dirreie,   *186r*
4100   Quant de el cert ne serreie,
        Que Moyses enchantur fust
        E de part Deu rien feit ne en eust,
        E des enchanturs le cuntraire
4104   Quideraie, que lur afeire
        Tut venist de verité
        Senz engin de fauseté.
        Quant ne porreie par mei saveir
4108   Que fust fantosme ne que fust veir,
        Sulung ma veue jugereie
        Quant de engin rien n'i savereie.
        Tut par meisme la reisun
4112   Vus demande jeo de Simun
        Ki del tut cuntre Deu est:
        Tut face il ceo que lui plest,
        Dunt lui vient ceo que il feit,
4116   E cil que pecche ki lui creit?'

            Mult prist a grant gré seint Pierre
        Ceo que il oi Nicete enquerre.
        Mult lui turnat a grant delit
4120   Ceo que si demandant le vit,
        Kar par ceo que il demandé out,
        Bien saveit que il aprendre vout
        E que mult grant desir aveit

4124   De ceo saver dunt cert ne esteit,
       Partant mist entente grande
       De respundre a sa demande.
       Meis ne vuil pas dire tut
4128   Quanque il parlat, kar il dist mult.
       Nepurquant dirrai la summe:
       'Quant Deus,' ceo dist, 'out feit hume,
       En chois le mist de mal e de bien   *186v*
4132   Senz ceo que force lui feist de rien.
       Humein lignage est mult creu
       Puisque hume primes feit fu.
       Il est en dous ordres parti:
4136   Li un ordre ad bien choisi,
       Li autre se est tenu al mal:
       Li uns treit sus, li autre aval.
       Le un ordre e l'autre unt sur sei rei
4140   Ki sunt cuntraire entre sei:
       Li bons reis bien aime e feit,
       E li maus al mal se treit.
       Li bons reis mustre ses vertuz
4144   Par ceo que il feit bien a tuz;
       Li maus vuldreit vertu mustrer
       Par quei peust le bon resembler,
       Meis ne poet mustrer vertu
4148   Que l'um peusse turner a pru.
       Ki prent guarde de ces dous reis,
       De lur vertuz e de lur leis,
       Tost lui dirrat sa reisun
4152   Ki feit a creire e ki nun,
       Kar les merveilles que il feit unt
       En sei meisme grant proeve funt
       Dunt saver porrat ki sens ad
4156   A ki tenir sei deverat.
       Li maus pur veir rien ne feit,
       Tut face semblant que veir seit:

4124 sauer ceo *reordered by oblique lines*   4129 r *of* Nepurquant *interlinear addition*
4133 Humeine *with final* e *expuncted*   4139 el *with* l *expuncted*   4147 uertu *cancelled by underlining before* mustrer

         N'i ad rien de verité,
4160   Tut est fantosme e vanité.
         Ki bien le esguarde bien entendrat
         Que bien u pru ne en surdrat,
         Kar quel pru iert de une ymage   *187r*
4164   Si ele se moet par artimage,
         U si l'um la veit par sei aler,
         U si l'um ot chiens de arein baer,
         U de faire munz sailler,
4168   U de voler sus par le eir,
         U de faire a genz mustrance
         Que pierre de pein eit semblance?
         Mustrez mei quel pru en seit
4172   De cest e de el que Simun feit!
         De ceo que il feit rien ne est estable,
         Kar il oevre par le Deable
         Ki est reis, meistre e seignur
4176   Sur tuz ces ki sunt malfeitur.
         Tuz tens feit bien li bons reis,
         Senz fantosme e senz gabbeis;
         Quanque il feit tut turne a pru,
4180   Kar genz i prenent lur salu.
         As avegles rend la veue,
         As surz la oie ad rendue;
         Ces ki muz sunt feit parler
4184   E les clops feit dreit aler,
         E par lui devienent sein
         Cil ki de Deable sunt plein;
         Il guarist ces ki sunt leprus,
4188   Ja ne seient tant hisdus;
         Il feit redrescier les torz
         E la vie rend as morz;
         Tutes maladies guarist.
4192   Cest e el fist Jesu Crist,
         E ceo meisme ad feit Deu

4167 saillir   4182 surs *with final* s *reformed into* z   4184 dops *with* d *partially erased and*
clops *added in right margin by corrector*

Par mei sicum le avez veu.
Ces miracles sunt estable, *187v*
4196 Tels ne poet pas faire Deable.
Il ne porrat rien oevrer
Dunt hume peusse pru aver
Tresque vienge vers la fin
4200 Q[ua]nt li mund iert en declin.
Vers cele ure lui iert granté
De dreis miracles la poesté:
Il guarrat dunc les forsenez
4204 E asez autres enfermetez;
Ceo iert signe, quant ceo vendrat,
Que del tut destruit serrat.
Cuntre sei meisme iert oevrant
4208 Quant il serrat bienfeisant;
Il frat bien cuntre nature,
Kar de bien feire ne ad cure.
Quant il avrat le bien mustré
4212 Que ne lui vint unkes a gré,
Ses termes partant passerat
Que bien cuntre sei meisme frat.
Cuntre sei meisme sei iert dunc pris,
4216 A destructiun iert partant mis.
Chescun regne pert sun estat
Quant il cuntre sei meisme cumbat:
Tut ausi del Deable serrat
4220 Quant il cuntre sei meisme frat,
Kar il ne amat unkes rien
Que peust a hume venir a bien.
Tut irrat a cumfusiun
4224 Deable par tel divisiun.
Quant ceste chose deverat venir,
E cest siecle iert al finir,
La temptatiun si grant serrat *188r*
4228 Que li plus cuinte en duterat.
Neis cil ki sunt parfit en Deu,

4196 poet faire pas *reordered by oblique lines* 4200 declein *with second* e *expuncted*

Si estre poet, ierent deceu
Quant il les miracles verrunt
4232   Que cil frunt ki cuntre Deu sunt.
Tut iert dunc changié la custume,
Pur ceo ne porrat saver hume
Quei seit par Deu e quei par Deable,
4236   Kar tant iert la chose creable
Si Deu ne en face tel merci
Par quei li suen seient guarni.
Ne est pas venu cel tens uncore,
4240   Meis il vendrat, que que il demoere.
Uncore porrat bien de legier
Ki Deu aime asez saver
Que ceo seit que de part Deu vient,
4244   Que feit a creire e quei nient;
Mar en eit de ceo dutance
Ki en Deu averat fiance!
Meis ki Deu ne vout requerre
4248   E sun queor ad tut vers terre
Quant il met Deu en ubli,
Deu penserat petit de lui.
Pur nient averat en Deu fiance
4252   Que il lui face entendance;
Bien lui dirrat sa cunscience
Que culpable est par neglegence.'

Tant est demuré seint Pierre
4256   Que en cest, que en el dire
Senz ceo que vousist reposer
Que il esteit ja jur tut cler.
Atant entrat en la meisun   *188v*
4260   Un des disciples Simun;
Criant i vint e mult requist
Que seint Pierre merci lui feist:
'Merci,' ceo dist, 'mei feites aver,
4264   Mun seignur Pierres, jeo vus requier!

4244-45 *interversion corrected by letters in left margin*

Uns chaitifs sui, recevez mei,
Kar turner vuil a vostre lei!
Par Simun ai esté deceu
4268 Pur ces merveilles que jeo ai veu:
Jeo l'ai quidé a deu puissant,
Partant fui a lui entendant.
Aukes de lui mei aparceui
4272 Quant vus parlastes cuntre lui
Que il deust estre de male part
E que malveise fud sa art.
Nepurquant quant se en parti,
4276 Jeo fui cil sul kil siwi:
Uncore dunc ne soi jeo mie
Apertement sa felunie.
Quant venir mei vit aprés sei,
4280 E autre hume nul fors mei,
Mult le prist, ceo dist, a gré,
E mult serreie boneuré.
A sun ostel venir mei fist,
4284 Od sei demurer mei requist.
Il levat sus en mie nuit
Quant en le ostel dormirent tuit;
Lever mei fist de mun lit,
4288 E en priveté mei ad dit:
Si jeo vuleie od lui estre
E lui tenir en lieu de meistre,
Meillur mei freit e plus puissant   *189r*
4292 Que autre hume ki seit vivant,
Tant sulement od lui alasse,
Mun vivant od lui demurasse.
Jeo lui pramis de demurer,
4296 E il mei destreinst a jurer
Que jeo od lui demurreie
E de lui ne en partireie.
Jeo jurai e fis que fol,
4300 E il atant mist sur mun col
Ne sai quel privee ordure,
E quant il mei aveit ceo mis sure,

Cumandat mei que jeol portasse
4304   E que jeo od lui me en alasse.
Vers la mer alé sei en est,
Une nef ad truvé prest;
De mun col la ordure prist
4308   E enz la nef senz mei sei mist.
Gueres lunges n'i demurat,
Tost revint, meis ne reportat
Rien de ceo que porté aveit
4312   Quant en la nef entré esteit;
Sicume jeol puis cungeter,
Tut le getat en la mer.
De venir od sei mei requist,
4316   Vers Rume aler vuleit, ceo dist.
Tant de ses arz la mustereit
Que los e pris grant i avereit;
La lui freit l'um tel onur
4320   Cumme l'um deit feire a seignur;
Iloec se freit pur Deu tenir
E cume Deu sei freit servir.
Si jeo venisse od lui a Rume,   *189v*
4324   La, ceo dist, mei freit riche hume:
Asez avreie or e argent,
E si puis mei preist talent
Que me en veusisse departir
4328   E en mun pais revenir,
Tant de honur mei freit aver
Cum jeo savereie demander.
Quant jeo cest de lui oi,
4332   Pur ceo que proeve en lui ne vi
Par quei ceo que out dit mei feist
E en le estat que out pramis mei meist,
Bien aparceui que il iert trechiere,
4336   E tel respuns lui fis ariere:
      "Releis mei feites de ceste eire,
Ne puis pas partir de Cesaire!

4312 la ne nef

Mal ai es piez, ne puis errer,
4340 E mednie ai a guverner.
Jeo ai femme e enfanz
Ki sunt petiz e nunsavanz,
Jeos larraie tuz estraire
4344 Si jeo enpreisse od vus eire.
Quant autrement estre ne poet,
N'i ad el: remeindre mei estoet."
Simun mei tint a recreant
4348 Quant si mei alai esvuiant;
Mult mei cumenceat a blasmer
Que jeo ne voil od lui aler.
Atant se en turnat, si mei dist
4352 Al partir que il de mei fist:
"Dreit vers Rume mei en irrai,
Si grant gloire la averai
Que mult vus en repentirez   *190r*
4356 Quant la nuvele en orrez!"
    Quant ceo out dit, si s'en partit;
Vers Rume s'en veit a sun dit,
E jeo chaudpas sui venuz ci,
4360 Si vus requier e cri merci.
Recevez mei, kar deceu fui,
Meis veir repentant ore sui!'
    Quant tut cest cunté aveit
4364 Cil ki de Simun venuz esteit,
Seint Pierre lui dist que il se aseist
Hors en la place e la remeist
Tresque tant que il venist
4368 E sun pleisir saver lui feist.
Seint Pierre se est dunc apresté,
Vers la place se en est alé.
Bien vit que mult plus genz i out
4372 Que as jurz devant aver n'i sout;
Le lieu choisi pur la ester
U il sout a Simun desputer.

4347 retreiant *with* i *expuncted*   4361 deceui

Saluz de part Deu dist a tuz
4376   Ki la pur Deu ierent venuz,
Kar tel esteit sa custume,
Puis mustrat a tuz cel hume
Ki de Simun fud venuz la,
4380   E al mustrer issi parla:
        'Seignurs, freres, cea entendez!
Cest hume ki vus ci veez
De Simun est venuz ci,
4384   E dit que Simun est fui.
De ses ordures mei ad cunté
Que en la mer les ad geté,
E que de sun Mahumet   *190v*
4388   Tresque en la mer ad feit tresget.
Pur repentance ne l'ad pas feit,
Meis pur pour que il aveit
Que pruvé fust a enchantur:
4392   Pur ceo ne iert il pas tut seur,
Kar si il de ceo ateinst fust
Que males arz en us eust,
Pris serreit e atachié
4396   E cume malfeitur jugié.
Mult requist Simun cestui
Que venir s'en deust od lui;
Asez aveir lui pramist
4400   Si od lui meindre vousist.
Quant cist se prist a essonier
E dist que od lui ne pout aler,
A lasche e malveis le ad tenu,
4404   Si se est vers Rume sul esmeu.'
        Cest mustrat seint Pierre a tuz;
Cist huem atant ki iert venuz
Veant tuz avant se mist
4408   E de Simun tut lur dist
Cument il out od lui parlé
E cument il se en fud alé.

4402 ne *interlinear addition by corrector*   4406 e *erased before* iert

Mult le pristrent a grief tuz,

4412 E mult turnat a grant curuz
Quant il oirent que Simun
Ne out feit si deceivre nun,
E que de rien ne sei entremist

4416 Que par males arz ne feist.
Dunc dist seint Pierre: 'Bone gent,
Leissez ester cest maltalent;
De enariere ne tenez pleit,   *191r*

4420 Quel chose que avenue seit!
A nunchaler trestut metez
Quanque est trespassé, meis pensez
De ceo que deit venir aprés!

4424 De enariere ne pensez mes:
Ceo de enariere fini est,
Meis ceo que siut en peril est!
De cest siecle seez cert

4428 Que senz escandle ja ne en iert,
Tresque tant que eit poesté
Li Deable de feire sa volenté.
Ki dunc porrat aparceivre

4432 E si gueiter que deceivre
Nel peust Deable par engin
E que a lui ne seit enclin,
Tel gueredun en averat cil

4436 Que ja de perdre ne iert en peril;
E ki sei mettrunt a nunchaler
E ne sei vuldrunt cuntregueiter,
Ne est merveille si il sunt deceu

4440 Quant fieblement sei sunt purveu.
De Simun avez oi
Cument il sei en est fui;
Alé se en est pur supprendre

4444 Ces ki a lui vuldrunt entendre.
Il se en est alez avant,
Mei cuvient aler siwant.

4444 *erasure before and beneath first two letters of* entendre

Il veit pur deceivre gent,
4448   Fous est ki a lui entent!
Aprés lui enprendrai eire,
Meis nel puis erraument feire,
Kar partant que ceo est dreit   *191v*
4452   Que meillur guarde prise seit
De vus ki estes cumverti
Que de autres ki ne unt rien oi
De ceo que apent a lur salu
4456   E ne seivent rien de Deu,
Od vus treis meis vuil demurer
Pur vus en verté cumfermer.
Kar ki feit purchaz u cunquest
4460   E puis de ceo trop perdant est,
Plus lui grieve que il le ad perdu
Que si unkes ne l'eust eu,
Kar damage greinur est
4464   De ceo que l'um pert cunquest
Que ne est de ceo que ne est cunquis,
Tut se seit l'um entremis.
Tut ausi de vus e de mei,
4468   Cunquis vus ai e treit a fei;
De vus perdre ne ai talent
Pur mei haster vers autre gent
Tresque tant que feit vus eie
4472   Par quei jeo de vus cert seie.
Od vus pur ceo demurrai,
Aprés treis meis mei en partirai;
Aprés Simun mei en vuil aler,
4476   Ces que il deceit pens de amender,
Kar demurer tant porreie
Que quant aprés Simun vendreie,
Tant avreit parlé avantmain
4480   Que mun travail serreit tut vein
Quant par ses arz tant feit avreit
Que ma parole poi attendreit.'

4472 sert *with* s *expuncted*   4479-80 *interversion corrected by letters in left margin*

Granz fud li doel e li plureiz   *192r*
4484 Ki dunc porent estre oiz
      Quant seint Pierre fist mentiun
      Que aler vout aprés Simun,
      E que plus ne demurreit
4488 Fors treis meis, puis se en irreit.
      De amur lur vint que il plurerent,
      Kar seint Pierre mult amerent;
      E seint Pierre, ki piteus fu,
4492 De plurer ne sei est tenu,
      Kar cumpassiun grant le enprist,
      Par quei tel ureisun pur eus fist:
            'Sire Deus, Pere omnipotent,
4496 Ki ciel e terre feistes de nient
      E tutes choses feit avez,
      De cest pueple merci aeiez!
      Cunfort lur feites, jeol requier,
4500 Semblant me funt que il me unt chier.
      Ceo mei unt il feit pur vostre amur,
      Kar il vus tienent a Seignur.
      Prenge vus pitié, Sire Deus,
4504 Kar ne est ki guarde prenge de eus
      Fors vus ki estes cuvenable
      De eus guarder cuntre le Deable!'
            Ureisuns de tel maniere
4508 E de autre asez i fist seint Pierre.
      Puis i fist eveske Zacheu
      Pur la remeindre en sun lieu;
      Eveske le fist de Cesaire,
4512 Kar hume fud de bon afaire.
      Quatre deacnes e duze prestres
      I ordenat pur estre meistres
      De la gent endoctriner   *192v*
4516 Cument il se deussent guarder.
      Il cumandat as ordenez
      Que maurs fussent e senez;

4483 plurezz *with first z expuncted*

       Povres receussent e pelerins,
4520   Honestes vedves e orphenins,
       Bien lur feissent a lur poer;
       Penassent sei de Deu amer,
       E deissent a la gefne gent
4524   Que sei tenissent chastement;
       De Deu servir si sei entremeissent
       Que la gent essample en preissent;
       Le pueple bien endoctrinassent
4528   Que bien feissent, mal leissassent;
       Entre sei meismes amur eussent,
       Les uns les autres sucurussent:
       Tant mustrassent par uveraine
4532   Que lur amur ne fust veine.
       Cest cumandat as ordenez,
       Puis vers le pueple se est turnez.
       Dit lur ad que en Deu creussent
4536   E que baptesme receussent;
       A l'eveske feissent onur,
       Ceo serreit semblant de amur;
       A lui fussent entendant
4540   E partut obeisant,
       Kar bien, ceo dist, cuneut Zacheu:
       Bien fud lettrez e amat Deu,
       Partant en lieu Deu mis le aveit;
4544   Ki onur u vilté lui freit
       Feit le avreit a Damnedeu,
       Kar il iert mis en sun lieu;
       Chescun pensast de sei meisme,   *193r*
4548   E einz que receust baptesme,
       A l'eveske Zacheu venist
       E sun nun enbrever feist,
       E que tuz en juines fussent
4552   Einz que baptesme receussent.
       Aprés tres meis, dunt dit lur out
       Que mes demurer la ne vout,

4525 si *interlinear addition by corrector*

Baptizié trestuz serreient
4556 Ki la volenté en avreient;
Une feste dunc estre dout,
Cel terme mettre partant lui plout.
Quant serreient baptizé
4560 E par cresme cumfermé,
Cumuniun recevereient
E partant salvé serreient.
Del baptesme asez lur dist,
4564 E par quel reisun Jesu Crist
Ad feit tel establissement
Que l'um deit baptizer la gent.

Parti sei en est li pueple tut
4568 Quant seint Pierre tant parlé out.
Seint Pierre a sun ostel alat;
Ses cumpainuns tuz apelat,
E quant tuz asemblé ierent,
4572 A ceo que il dirreit escuterent:
'Freres,' ceo dist, 'il est reisun
Que nus eium cumpassiun
E sucurs facium a la gent
4576 Que Simun deceivre entent.
Quant il est alé avant,
Nus le devum aler siwant.
Ceo que Simun avant veit,   *193v*
4580 Pur mei desturber tut le feit:
As taluns estre lui deusse
Si jeo de ci delivre fusse
Pur estre prest de lui respundre,
4584 Pur cumpruver le e cumfundre.
Meis ne serreit bon ne bel
De guerpir ces ki de nuvel
A Damnedeu sunt cunverti
4588 Pur autres ki sunt lung de ci,
E de ki nus ne savum
Si nus espleiter i porrum
Que nus vueillent escuter

4592   De ceo que a eus deverum parler.
        Nes devum leisser nepurquant
        Que nus ne lur seium aidant;
        N'i ad rien de demurer
4596   Si par nus deivent frugier.
        Chair en perte porrium
        Si trop lunges demurrum,
        Kar Simun ne targe mie
4600   De mustrer sa trecherie:
        Tant en porrat genz supprendre
        Que poi a nus vuldrunt entendre.
        Pur ceo cuvient que cumpainnuns
4604   Le voisent siwant as taluns
        Ki peussent guarnir la gent
        Que Simun les triche e ment,
        E dient lur que jeo vendrai
4608   Tant tost cum jeo venir porrai.
        A ceo est turné mun cunseil
        Que ci treis meis demurer vueil
        Pur cumfermer en dreite fei   *194r*
4612   Ces ki sunt cunverti par mei.
        Od mei remeindrat Clement
        Ki venuz est nuvelement,
        Kar il ad mult grant desir
4616   De la parole Deu oir;
        Pur ceo de mei ne en partira,
        Ne Niceta, ne Aquila
        Ki cunverti de nuvel sunt,
4620   Partant od mei demurrunt.
        Tut li autre cumpainnun
        Voisent avant, si ces treis nun:
        Simun asez par eus saverat
4624   Que pres de sei partut mei averat!
        Chescun de ces ki aler deit
        Ultre demein apresté seit,
        Kar tost porrum perte aver

4621 u *of* Tut *written on erasure*

4628 Par plus lunges demurer!
Al cunseil duner ai dit le mien,
Ore en die chescun le suen!'
      Tuz cest cunseil bien loerent,
4632 Fors tant que cil dolent ierent
Ki deurent aler avant,
Kar mult lur vint a ennui grant
Que sei deurent esluinier,
4636 Tant eurent seint Pierre chier.

      Al jur asis apresté furent
Li cumpainnun ki aler deurent.
Devant seint Pierre venuz sunt
4640 E lur cungié de lui pris unt,
E al partir lui diseient
Que dolens es queors esteient
Que tant de lui sei esluinereient   *194v*
4644 Que de treis meis nel verreient,
Kar mult serreit la perte grant
Que il avreient entretant,
E de lur pru mult perdereient
4648 En ceo que lui parler ne orreient;
Faire vuleient nepurquant,
Tut lur grevast, sun cumand.
Pur obedience guarder
4652 Apresté furent de l'aler,
Kar a feire bien feiseit
Quanque a pleisir lui veneit.
Il lur dunat sa beneiçun
4656 E fist pur eus grant ureisun
Que Deus lur dunast si bien feire
Que perdu ne fust lur eire.
Il furent duze cumpainnuns,
4660 Ne sai pas numer lur nuns.
Il se sunt al chemin mis,

4655 *two letters erased before* lur   4656 fis *erased between* E *and* fist

E seint Pierre i est remis.

Seint Pierre esteit a Cesaire,
4664   Mult se entremist de genz atraire.
A tut sun poer pené se est
De faire a Deu grant cunquest.
Mult se sunt genz cunverti
4668   De ces ki parler le unt oi:
Dedens treis meis tant i fist
Que dis mil humes i cunquist,
E tuz baptesme receurent
4672   Quant les treis meis passé furent:
Crestien devindrent tuz
Al jur de feste quant iert venuz.
Entretant aprés Simun   *195r*
4676   Se en vunt li duze cumpainnun.
Aprés lui tant sunt alé
Que a Triple le unt truvé;
De sun estre tut enquistrent
4680   E en brief trestut le mistrent.
Lur messages apresterent
E a seint Pierre tut manderent
Cument il les genz deceut
4684   Ki lui vuldrent faire escut,
Kar mult alout disant maus
Que par citez, que par chasteaus.
Mult mesdiseit de seint Pierre,
4688   A creire fist que il iert trechiere:
Mult fud, ceo dist, mal arteillus,
Enchantur e trop guischus.
Cuntre Deu del tut esteit,
4692   Puint de saver en sei ne aveit;
Tut ceo dunt sei feiseit meistre
Faus esteit e ne pout estre.
Ceo que il dist ne pout ester
4696   Que les morz peussent relever:

4662 remist *with* t *erased*

Chose creable ne fud ceo mie
Que morz peussent resurdre a vie.
Meistier avreit de sei gueiter
4700   Ki deust a lui desputer:
Guardast sei, u si ceo nun,
Mort le avreit par traisun!
Od lui, ceo dist, desputé out,
4704   Meis quant Pierres avant ne pout
E del tut vencu esteit,
Ses cumpainnuns mist en agueit.
Il esteit de ceo guarni   *195v*
4708   E de pour se en fui;
Autrement le eust enginné,
Kar u il le eust enpuissuné,
U par mal art u par sort
4712   U par engin le eust rué mort.
     Quanque Simun out mesdit
Tut esteit el brief escrit,
E que a Triple sout aveir
4716   Tut le plus de sun repeir.
     Quant cest brief vint a seint Pierre,
Oiant le pueple le fist lire.
Mes, ceo dist, ne vout targier,
4720   Vers Triple sei en vout aler.
Tut le yvern la demurreit,
La le peust truver kil querreit,
E ki sivre le vuldreit
4724   Bien, ceo dist, le grantereit.
Nepurquant si ceo fust
Que meidnie a guarder eust —
Cume femme u enfanz
4728   Ki fussent a lui entendanz,
U pere u mere u parenté
Ki remeindreit descumforté
E senz cunseil e senz aie —
4732   Tel gent ne deit l'um guerpir mie,

4725 ceo ne fust

Kar ki tel gent guerpireit
Leidure e pechié feit avreit
Quant de eus si se en turnast
4736   Que senz cunseil les leissast:
De teus deit l'um prendre cure,
Que pur Deu, que pur nature.
Mult enortat de bien faire   *196r*
4740   Tut le pueple de Cesaire,
E cumandat del part Deu
Que entendant fussent a Zacheu
Que il aveit eveske feit
4744   Pur le bien que en lui saveit.
Mult requist que Deu amassent
E lur prestres onurassent,
E lur deacnes ensement:
4748   Pur Deu le feissent, pur el nient.
Il requist les chapeleins
Que vers les leis fussent humeins,
E les autres ordenez
4752   De ceo meisme requist asez,
E si bel sei cuntenissent
Que li lai essample en preissent.
Quant il out parlé asez
4756   As lais e as ordenez,
Al cungié prendre, tuz oiant,
Dist: 'Seignurs, a Deu vus cumand!
·   Si Deu le veut, demein irrai,
4760   Respit de aler mes ne prendrai.'
Cest est la summe de l'afaire
Que seint Pierre fist a Cesaire.

D'iloec se en parti le matin
4764   E vers Triple prist le chemin.
De la gent une partie
Se mistrent en sa cumpainnie;
De Cesaire parti se en sunt

4740 sa *erased before* cesaire

4768	E vers Triple siwi le unt.
	Mult out genz kil cunveerent
	E de sun partir dolenz ierent.
	Ne fist cel jur jurnee grant
4772	Pur le pueple kil vint siwant,
	Kar li jefne e li vieil
	Suvent le traistrent a cunseil;
	Suvent cungié demanderent
4776	E vers le ostel returnerent,
	E cil meismes tost revindrent
	E a paroles le retindrent:
	Si grant amur vers lui aveient
4780	Que de lui partir ne saveient.
	Tant sunt alé, tant sunt venu,
	Tant le unt leissié, tant le unt tenu,
	Tant unt a lui cunseillié,
4784	Tant unt de lui pris cungié,
	Tant parlerent en alant,
	Tant remistrent en estant,
	Tant alerent a leissir,
4788	Tant hairent de partir,
	Tant unt alé si tarjant
	Que vers le vespre vint aproçant.
	Quant seint Pierre tant out feit
4792	Que del pueple delivre esteit,
	Venuz est a un chastel,
	La fist prendre sun ostel.
	Ceo ne iert pas lung de Cesaire,
4796	Meis il ne pout plus lung traire.
	Al partir que il de iloec fist
	De mieuz errer sei entremist;
	Il amendat ses jurnees
4800	E passat plusurs cuntrees.
	Que par burcs, que par citez,
	De Jesu Crist preechat asez,

196v

4787 leissier *with second* e *expuncted*   4796 peust *scored through and cancelled by underlining between* ne *and* pout

Kar tut fust il trespassant,   *197r*
4804   Nel mist en ubli nepurquant.
       Quant vint en citez u en burcs
       U en autres lieus aillurs,
       Volentiers i arestut
4808   Si il i pout aver escut;
       Si rien i quidout espleiter,
       Ne sei vout d'iloec haster.
       Nepurquant a tuz diseit
4812   Que quant a Triple vendreit,
       La demurreit tresque tant
       Que yvern passast ki iert entrant:
       Kil vuldreit a leisir aver
4816   A Triple le porreit truver.
            Sa cumpainnie fud ja mult grant
       Quant vint vers Triple aproeçant,
       Kar il ne pout passer par lieu
4820   U il parlast rien de Deu
       Que del pueple grant partie
       Ne siwist sa cumpainnie;
       Cumpainnie lui unt tenu
4824   Tant que a Triple sunt venu.
       Quant as portes venu sunt,
       Les cumpainnuns encuntré unt
       Ki de treis meis enariere
4828   Parti furent de seint Pierre
       E ki le brief aveient feit
       Par que seint Pierre venu esteit.
       Mult unt cil grant joie eu
4832   Quant il unt seint Pierre veu;
       En la cité atant entrerent,
       Seint Pierre a l'ostel amenerent.
       Pris fud sun ostel chiés Marun —   *197v*
4836   Ki le ostel fud out si nun.
       Ostels asez purveu aveient
       Ki enveié avant esteient,
       E ostels asez livrerent
4840   A tuz ces qui venu ierent;

N'i out ki pleindre sei en peust
Que de ostel esguarré fust.
Par la cité fud tost seue
4844   La nuvele de lur venue;
Genz asez i acureient
Ki seint Pierre veer vuleient.
Quant seint Pierre out ceo veu
4848   Que li puple iert acuru
Que pur oir, que pur veer,
Que pur lui oir parler,
Mult bonement lur ad dit
4852   Que lui cuvient aver respit,
Kar cel jur out en purpos
E l'endemein estre en repos;
Meis le tierz jur tuz venissent
4856   E la parole Deu oissent,
Kar senz faille dunc vendreit
E sun avis lur mustereit.
Quant mes parler ne lui plout,
4860   Li pueple plus n'i arestut.
Atant unt dit li cumpainnun
A seint Pierre, ki iert jeun,
Que bien tens iert de mangier,
4864   Meis il en fist a tuz dangier
E lur dist pur rien nule
Ne mangereit de la gule
Si dé suens seur ne fust   *198r*
4868   Que chescun de eus bon ostel eust,
Kar ne serreit pas a eise
Si li suen fussent a meseise.
Atant li duze cumpainnun
4872   Cert le unt feit par lur respun
Que tut li suen eurent ostel,
A eise furent de un e de el;
Purveu sei furent avantmein,
4876   E tut senz ceo li citeein
A gré eurent lur meisuns
Pur lui e pur ses cumpainnuns.

A herbergier n'i vindrent tanz
4880   Cum l'um pout truver herberjanz;
Dolenz furent e anguisus
Que a herbergier n'i vindrent plus!
Lur ostels eurent apresté,
4884   E mult eurent en volenté
Que chescun a sa meisun
Herbergier en pout aukun,
E volentiers lur truvereient
4888   Tut ceo dunt mestier avreient
Senz ceo que preissent rien del lur,
Kar mult eurent grant amur
Vers seint Pierre, e grant desir
4892   Que tost a Triple deust venir.
     Quant seint Pierre cest oi,
Mult grantment sei en esjoi,
E mult le ad a bien tenu
4896   Que si sei furent bien purveu.
Sa beneiçun duné lur ad,
Puis lur dist e cumandat
Que d'iloec ne sei en partissent,   *198v*
4900   Meis al mangier la remeissent.
Atant al mangier sunt asis,
Tel bien cum eurent i unt pris.
Quant vint le vespre, cuchié sunt
4904   E la nuit bien dormi unt.

     Le matinet levat seint Pierre
Einz jur sulunc sa maniere.
Ses cumpainnuns tuz veillanz furent;
4908   Od seint Pierre sedze i eurent:
Seint Pierre tut premierement,
Niceta, Aquila e Clement,
E les duze cumpainnuns
4912   Dunt jeo ne sai dire les nuns.
Ki met ensemble quatre e duze,
Si il bien cunte, ceo funt sedze.
Seint Pierre dist a tuz saluz,

4916	E il le resaluerent tuz;
	Il sei est asis, e envirun
	Sei asistrent li quinze cumpainnun.
	Dunc lur ad dit: 'Quant el ne feimes,
4920	Uimés entendum a nus meismes!
	Jeo vus dirrai nostre afaire
	Que feit avum a Cesaire,
	E vus duze nus cuntez
4924	Cument vus ci feit le avez:
	Mustrez mei tut le estre Simun,
	Si il se porte bien u nun!'
	Tut avant cuntat seint Pierre
4928	Quanque il sout que fud a dierre;
	Tut lur cuntat de Cesaire
	Quanque il sout que ne iert a taire.
	Puis cunterent li disciple
4932	Tutes lur aventures de Triple,
	E de entreveies tut cunterent
	Que rien a dire n'i leisserent.
	Tant cunterent a leisir
4936	Que li jurz prist a esclarzir.
	Uns huem atant i est entrez
	Ki de l'ostel iert privez.
	Cil lur dist que tut de nuiz
4940	Se en fud d'iloec Simun fuiz,
	E pur la venue seint Pierre
	De Triple fud alé vers Sire;
	Sirie out la terre nun
4944	Vers u se en fud fui Simun.
	A seint Pierre dist cil puis
	Que genz veneient tut a fruis:
	A la porte ja venu furent
4948	E pur entrer la aresturent;
	Mult aveient grant desir
	De lui veer e lui oir.
	Ceo esteit a tuz avis:

199r

4942 e *erased between* D *and* e *of* De

4952   Lungs fud le termes que lur out mis;
          Mult unt parlé, mult unt dit,
          Grief fud a suffrir li respit.
          Fort lur serreit a suffrir
4956   Cel jur passer senz lui oir;
          Entre sei unt mult traité
          Que li termes fust abregié.
          Partir des portes ne vuleient,
4960   En espeir de entrer esteient:
          'Ne sai,' ceo dist cil ki parlat,
          'Dunt ceo vient, meis granz genz i ad.
          Cum plus esclarzist l'ajurnee,   *199v*
4964   Tant est plus grant la asemblee.
          Ne sai de quei il pris le unt,
          Meis acerté mult se sunt
          Que vus, seint Pierre, devrunt veer,
4968   E que vus orrunt ui parler.
          E quant si est que si grant gent
          Tant vus desire e atent,
          Ceo que vus plest vuldrunt oir,
4972   Si lur dirrum vostre pleisir.
          Meis mult iert a mal tenu
          Si tant de gent cume sunt venu
          Deivent de ici partir dolenz
4976   Que vus ne i eiez parlé einz;
          Ja pleit ne tendrunt del respit
          Meis que tuz eiez en despit!'
             A grant merveille tint seint Pierre
4980   Ceo que il oi celui dierre,
          E dist a sa cumpainnie:
          'Avez veu cum est cumplie
          La prophecie que nus dist
4984   Nostre meistre, Jesu Crist?
          "Mult est", ceo dist, "la meisun grant,
          Meis trop i ad poi gent uverant.

4966 mul *altered to* mut *by corrector although revisor indicated that* t *should be inserted after* mul

Requerez celui ki Sires est
4988   De la meisun que il aprest
Uvrurs tanz que asez i eit
E en sa messun les enveit!"
Il nus dist un el uncore
4992   Que nus veum a uil ore:
Que mulz devers orient
Vendrunt e devers occident,
E mettrunt sei en cumpainnie   *200r*
4996   Od Abraham e sa lignie:
Ceo sunt Ysaac e sun fiz
Jacob, ki Deus aveit choisiz
Que de eus devreit venir cil
5000   Ki getereit le mund de peril.
La prophetie est venue,
Kar a l'uil ja la avum veue.
Pur ceo, freres cumpainnuns,
5004   De Deu servir bien nus penuns!
De aprendre vus entremetez
Ceo que a autres enseinner pussez,
De bien oir, de bien entendre,
5008   Del dreit ordre de bien aprendre,
De bien parler, de bien respundre,
E de sentences bien espundre,
De bien prechier la maniere
5012   De bien faire e de bien dire
Que par vostre enseinnement
Cil parviengent a sauvement
Ki entendrunt la reisun
5016   De nostre predicatiun,
Kar vus avez ja bien veu
Cument la gent sunt ci venu,
E quel desir il unt de oir
5020   Ceo que a pru lur deit venir.
De la grace e la vertu
Lur Creatur lur est venu

5012 *second* de *interlinear addition*   5019 queil

Que einz que il peussent le bien saver,
5024   Mult le cumencent a amer,
E la venue lur Seignur
Desirent par grant amur,
E que ceo lur seit mustré   *200v*
5028   Par quei il peussent faire sun gré.
Mult est bel cumencement
De Deu quant Deus dune a gent
Que il ceo aiment e desirent
5032   Dunt rien unkes nen oirent,
E que il aiment e onurent
Ces que il unkes ne cunurent,
E desirent pur sule oie
5036   De venir a lur cumpainnie.
Meis ore seit asez de cest
Pur le pueple ki la fors est,
Kar pur lur grant devociun
5040   A eus me estoet faire sermun!'

Seint Pierre cest e el i dist
Sicum Deus en queor lui mist,
Puis demandat lieu e place
5044   U il peust aver espace
Del pueple ki vint asembler
E u il peust a tuz parler.
A ceo lui dist sun oste Marun:
5048   'Jeo ai une bien grant meisun!
Humes i poent entrer enz
A l'amunte de cinc cenz,
E si ai dedenz mun clos
5052   Un curtil grant bon a cel oes.
La porrez estre si vus vulez,
U aillurs si mieuz amez,
Defors la porte en la rue
5056   U la asemblee est acurue;
E si issi estre peust,
Li puple mieuz paé en fust,
Kar ne est hume ki la seit   *201r*

5060   Ki de vus veer desir nen eit.'

      Quant Marun aveit dit cest,
    Seint Pierre atant levé s'en est
    E cumandat que Marun
5064   Lui alast mustrer sa meisun.
    Quant la meisun mustree lui fu,
    E puis el curtil iert eissu,
    Lores entrat — ne sai cument —
5068   A grant presse tute la gent.
    Parmi la meisun tuz passerent
    E el curtil a fruis entrerent.
    Mult i dechai le mestier
5072   A celui ki fud portier;
    Trop fud par semblant neglegent
    Quant entrer leissat tute la gent!
      Quant seint Pierre s'en aparçut
5076   Que li pueple i acurut,
    Lores reguardat envirun
    E avisat pres de la meisun
    Une basse ki jut a terre,
5080   E muntat sure pur sermun faire.
    En ceo sun sermun cumençat
    Que tut le pueple saluat.
    A ceo que il dist a tuz saluz,
5084   Aquanz de ces ki ierent venuz
    Ne se porent sur piez tenir
    Que lur ne estust a terre chair,
    Kar il esteient forsenez,
5088   E pur ceo furent la menez
    Que par seint Pierre fussent guari
    De la poesté a l'Enemi.
    Deable ne pout aver duree   *201v*
5092   Puisque la gent out saluee:
    Par les buches as cheitis
    Ki de Deable furent suspris

5065 *final* e *of* mustree *reformed from* s   5089 f *erased after* seint

Crierent li maligne espirit
5096   Que seint Pierre dunast respit,
Que suveau nun de un sul jur
Peussent es cors aver sujur.
Meis assentir ne vout seint Pierre
5100   Que faire vousist lur preire:
Il les cumandat eissir hors
Senz damage faire as cors;
Li enemi atant partirent,
5104   E li malade del tut guarirent.
Quant li pueple veu aveit
La merveille ki feite esteit
De ces ki furent forsenez
5108   E ja furent issi purgez,
Lores requistrent tuz seint Pierre
Que il entendist a lur preire
E a tuz ces feist aie
5112   Ki eurent autre maladie.
Dunc dit seint Pierre: 'Bien le frai,
Meis a vus primes parlerai.'
Tantost cum ceo pramis out,
5116   Deu delaer pas nel vout,
Meis chaudpas santé reçurent
Li malade ki la furent.
Quant cest afaire si fait fu,
5120   Ne pout estre que la vertu
De ces miracles fust teue,
Kar par la cité fud tost seue.
Tant cum fame plus en creut   *202r*
5124   E pueple plus i acurut,
Tut cil ki malede furent
E lur santé receu eurent
A une part se sunt tuz treit
5128   Pur la presse ki grant esteit.
Seint Pierre issi cumandé le out,
Issi fud feit quant il lui plout.

5098 Poussunt *with* e *added above second* u

Lores levat sa mein seint Pierre
5132 E fist a tuz signe de taire;
Il les cumandat escuter
E puis cumençat a sermuner:
'Seignurs,' ceo dist, 'jeo preng mateire
5136 De vus mustrer que devez creire
De ces qui maledes vindrent ci
E sunt par la grace Deu guari.
De ceo devez tut avant saver
5140 Que Deu ne devez pas reter
Si genz sueffrent enfermetez
U chaent en adversetez:
En ceo ne est pas Deu cupable,
5144 Meis en tant pert plus reinnable
Sa justise e sa vertu,
Par ki le mund est sustenu.
A grant reisun e par dreiture
5148 Sueffrent plusurs mesaventure,
Kar Deable les ad en poesté
Pur lur propre malvestié.
Kar tut al cumencement,
5152 Quant Deus fist le mund de nient,
A sa semblance hume fist
E sun espirit dedenz lui mist;
Il le ad partant en vie mis   *202v*
5156 E vout que il deust vivre tutdis,
E que vers Deu si se portast
Que Deu pur fiz le avuast.
De sun regne le vout faire eir,
5160 Si lui dunast sens e saveir
De bien faire, del mal eschivre
E del cumandement Deu sivre.
Ne lui vout destresce faire
5164 Que lui turnast a cuntraire,
Meis par dreiture de justise
Lui dunat mult grant franchise,
E tut lui mist en poesté
5168 Que faire en pout sa volenté.

Il le mist en Parais,
Beaus fud li lieus u il fud mis.
Tant cum fud la e bien se tint,
5172   Plenté de bien de terre vint
Senz ceo que guainnee fust,
Senz traveillier u mettre cust.
Legiere lei mise lui fu,
5176   Senz grief la peust aver tenu;
Boneuré a tutdis fust
Si ceo que Deus vout guardé eust!
Meis puis par male cuveitise
5180   Guerpi la lei que lui fust mise.
N'i out fors un cumandement,
Cel trespassa e mist a nient.
Desdunc perdi sun onur
5184   Quant il se prist vers sun Seignur.
Lores fud del lieu geté
U en onur aveit esté;
Desdunc fud livré a dulur,   *203r*
5188   A travail e a desonur.
Le bien que il sout aver failli,
Kar la terre rien ne rendi
Si a travail guainee ne fust,
5192   Uncore rend relement sun cust.
A mal fud turné tut le bien,
Del recuvrer n'i out rien.
Trop out ci mal, puis avint pis,
5196   Dunt Deu fud plus en ire espris,
Kar puisque hume fud fors geté
De la gloire u out esté,
Li lignage ki de lui vint
5200   Amur ne fei a Deu ne tint.
Malveis eirs de lui eissirent
Ki a lur Seignur vilté firent;
Lur Seignur desavuerent,
5204   E cum plus multiplierent,

5178 est *erased before* eust   5198 *letter erased after* De

Plus le mistrent ariere dos
E meins eurent de bon purpos.
Tel ad esté lur mescreance
5208 Que ne crurent que purveance
Fust en Deu, meis tute lur cure
Meteient a aventure:
Neis que Deu fust ne voudrent creire,
5212 Tant par furent de mal eire!
De ciel, de terre e del mund,
E de choses ki en eus sunt,
E de tute creature
5216 Ne quiderent que Deu preist cure.
En errur puis tant entrerent
Que Deable pur Deu aurerent,
E onur de deu feseient   *203v*
5220 A figures que feit aveient:
Figures de humes e de bestes
Aurerent, e granz festes,
Temples, autels en lur onur
5224 Firent par mult fol errur.
Mult eurent lur entente mise
De eus feire sacrifise;
Il firent lur establies
5228 De ordeure trop replenies
Ki trop sunt laides a numer
E plus orribles a veer.
De Deable vint tel cuntruvure
5232 Pur hunir humeine nature;
Par guerpir dreit e feire tort
Ad hume esté livré a mort.
De ceo vient e, pose ad, fu
5236 Que li mund ad esté perdu
Quant Deu iert en ubli mis
Pur Deable ki est sis enemis.
Tuz ad Deable en poesté

5210 *insertion line between* meteient *and* a *but short addition in right margin by revisor*
illegible 5216 deu *interlinear addition by corrector* 5222 festest *with final* t *expuncted*

5240   Ces ki funt sa volenté,
         Meis mult rend mal gueredun
         Quant tuz met a perdiciun.
         Il les feit ci forsener
5244   E laidement sei demener;
         Tut remue lur curage
         Que vivre les feit en huntage.
         Ici les tient a desonur,
5248   D'ici les treit a tel dulur
         Ki jameis fin ne prendrat,
         Meis senz fin tuz tens durrat.
         Pur si grant mal eschiwir   *204r*
5252   E pur vus de cest guarnir
         Enveié sumes tresque a vus
         Que par nus seiez rescus
         Si a ceo tenir vus vulez
5256   Que de par Deu de nus oiez.
         Ne vus poum force faire
         De ceo que nus disum creire:
         Ore iert en vus de l'eslire,
5260   Le faire u le cuntredire.
         Kar si faire le vulez,
         Duble pru en averez:
         Deable en vus ne averat poesté
5264   E par vus de autre iert geté,
         E cunquerrez sur ceo la vie
         Ki ja ne poet estre finie.
         Ces ki oir ne vuldrunt,
5268   Deable en eus poesté avrunt
         Kis trerrunt a si grant dulurs
         Dunt jamés ne avrunt sucurs:
         Es funz de Enfern serrunt enclos,
5272   La sufferunt peine senz repos.
         De ceo, seignurs, vus guarnis,
         Guardez vus de estre mes suppris;
         De l'errur vus metez hors

5245 *alternative above* Tut *erased*   5256 Que que de par

5276   Par ki sunt perdu aume e cors;
        Un Deu creez e tenez a lui,
        Par lui serrez de mort guari!
        Les ydeles que avez auré
5280   E par nunsaveir onuré
        Guerpisez pur Deu amur,
        Kar de lui seez seur:
        Si a lui vulez cunvertir   *204v*
5284   E lui a Seignur recuillir,
        Cume ses fiz vus amerat
        E en sun regne vus mettrat
        En tel joie, en tel hautesce,
5288   En tel gloire, en tel noblesce,
        Que queor de hume nel poet entendre
        Tresque atant que il vienge al prendre!'

        Mult plus i parlat seint Pierre
5292   Que jeo ci ne peusse dire.
        Grant e lung fud li sermun,
        E bien pruvat par reisun
        Que quanque il parlat veir fud tut,
5296   E al dire out bon escut.
        Cel jur e l'autre nen ad cessé,
        Ne al tierz ne al quart iert alassé,
        Ne les tres meis que a Triple fu
5300   Repos de prechier nen ad eu.
        Plusurs a Deu se cunvertirent
        De ces ki prechier le oirent.
        Mult i parlat, mult i dist,
5304   E miracles mult i fist,
        Kar ki eurent enfermeté
        Recuvrerent par lui santé.

        Quant a Triple out demuré
5308   Tant que treis meis furent ultré,
        E cunverti out mult grant gent,

5285 fe *erased before* ses   5302 oierent

Lores apelat a sei Clement,
Si lui cumandat que il junast
5312 E tut prest sei apareillast
Que il peust estre baptizié.
E Clement ne se est pas targié:
De bon queor en oes metteit   *205r*
5316 Quanque seint Pierre lui diseit.
Aprés ceo que il juné out
Tant cum a seint Pierre plout,
Seint Pierre le ad baptizié:
5320 Li cumpainnun en furent lié,
E seint Pierre joius esteit
Que Cristien fud par lui feit.
Pur la joie que tuz unt eu
5324 Le jur en feste unt tenu.

Seint Pierre e si disciple
Ja tant eurent esté a Triple
Cum en purpos eurent eu
5328 Einz que la fussent venu:
N'i vout seint Pierre plus remeindre,
Vers Antioche vuleit tendre.
Duze de ses cumpainnuns
5332 De avant aler ad sumuns
Que par eus fust avant seue
La nuvele de sa venue,
E a la gent saver fesissent
5336 Quant a Antioche venissent
Que quant seint Pierre la vendreit,
Treis meis al meins i demureit.
Cil n'i firent mes demoere,
5340 Meis seint Pierre remist uncore.
Il ad le pueple assemblé
Ki fud a Deu par lui turné;
Trestuz fist venir a sei

5319 *second* i *of* baptizie *interlinear addition*   5321 joius pierre *reordered by oblique lines*
5340 uuncore *with first* u *expuncted*

5344 Quanque il sout de bone fei;
Il les ad tuz baptizié
E puis acumunié.
De Marun eveske fist   *205v*
5348 Ki fud sun oste, si lui dist
Que mult se penast de bien faire
E del pueple a Deu atraire.
Duze prestres ordenat
5352 E lur mestier lur enseinnat;
Diacnes i fist ensement
Tanz cum lui vindrent a talent;
A tuz dist que deussent faire
5356 E ordenat aprés sun eire.
Ne vout a Triple mes ester,
Vers Antioche vout aler.

Seint Pierre de Triple parti,
5360 Meis pur le pueple kil siwi
Ne pout faire grant jurnee,
Pur ceo la ad amesuree.
Suvent fud a cunseil treit,
5364 Partant iert menur le espleit
De bone jurnee faire,
E gueres luinz ne porent traire,
Kar la siute fud mult grant
5368 Del pueple kil vint cunveant,
E de lui partir ne vout
Pur le amur que vers lui out.
La jurnee premereine
5372 Petite fud; a quelque peine
A sun ostel est venu,
Ki asez pres de Triple fu.
La nuit iloec se iert herbergié,
5376 Meis le matin aver cungié
Ne pout que avant en peust aler,
Tut le en cuvint sujurner.

5364 le *added to right of text by corrector*   5366 lo *erased before* luinz

Le jur aprés sun chemin prist
5380   E de errer mieuz se entremist;
A Andaradum cel jur ala
E fist sun ostel prendre la.
La nuit jiut, e od lui tanz
5384   Que ne sai dire quels ne quanz,
Kar grant pueple aprés lui vint
E cumpainnie od lui tint.
    Quant seint Pierre se iert aparceu
5388   Que sa siute si grant fu,
Lores apelat Nicetam
E sun frere Aquilam,
Puis lur dist: 'Quant issi est
5392   Que cumpainnie tant nus crest,
Asez entend que asquanz serrunt
Ki envie de nus avrunt,
Meis ne poum dechacier
5396   Ces ki od nus vuldrunt aler,
Par quei il seient desturbé
De lur bone volenté.
Meis que de nostre cumpainnie
5400   Ne seit mateire de envie,
Vus dous freres avant alez
E ceste gent avant menez!
Quant tant avrez espleité
5404   Que pres viengez de la cité,
Ne i devez entrer a fruis,
Meis li uns einz, li autre puis:
Departez vus par cumpainnies
5408   Ki a reisun seient parties!
Voz entrees e voz eissues
Guardez que bien seient purveues;
Tut ausi guardez voz jurnees
5412   Que bien seient ordenees;
A un jur n'i entrez tuz,
Meis si seez bien purveuz

5381 andaracum *with* c *reformed into* d *by revisor*

Que l'um ne voist de vus disant
5416 Que veinegloire alum querant,
E que il n'i eit en nus mateire
Dunt l'um peust retraite faire!
Mult vus ennuie, bien le sai,
5420 Que jeo vus cest cumandé ai,
Kar mult a greve vus tenez
Que de mei partir devez,
E que dous jurz passerum
5424 Issi que nus ne entreverrum,
Si grant amur vers mei avez.
Meis veirs dirrai, si me creez:
Si vus me amez — e jeo aeim vus
5428 Tant avant cum dis tant plus —
Si nus devum par nostre amur
Leisser dechair nostre onur,
E pur tuz tens ensemble aler
5432 De bien faire vulum leisser,
Tel amur ne iert pas reinnable
Quant il ne est pas profitable.'

Paroles plus i dist seint Pierre,
5436 Atant respunderunt li frere:
'A gré nus deit venir asez
De faire ceo que cumandez,
Kar bien estes purveant
5440 De quanque alez entremetant,
Kar par la purveance Deu
Pur bien faire estes eslieu.
Un jur u dous de vus partir   *207r*
5444 Fort nus est, meis estoet suffrir.
A meseise cel jur serrum
Que vus veer ne porrum;
Faire vulum nepurquant
5448 Vostre pleisir trestut errant.
Ore entendum bien par nus

5417 de mal *added above* en nus *as alternative*

Cum dolenz sunt e anguissus
Noz duze freres ki sunt avant
5452   Del grant bien dunt sunt perdant
Quant suvent passe le meis entier
Que en vus ne poent lur uilz fichier.'
    Quant il eurent tant parlé,
5456   Si se sunt avant alé,
E seint Pierre asez lur dist
Que de ceo lur suvenist
Que quant as citez aproeçassent,
5460   Dous e dous ensemble alassent;
A l'entrer noise ne feissent,
As hospitaus ses ostels preissent.

    Alez se sunt tuz fors seint Pierre
5464   Ki od Clement remist ariere.
Mult grant joie ad Clement eu
Que seint Pierre le ad retenu;
Mult de queor le ad mercié
5468   De ceo que avant ne iert enveié.
Ceo dist Clement: 'Grant graces rend
A Deu e a vus ensement
Que retenu od vus me avez,
5472   E que avant ne sui alez,
Kar par tens de doel murusse
Si de vus partir me en deusse.'
Dunc dist seint Pierre: 'Si tel busuing   *207v*
5476   Nus survient que pres u luing
Vus cuvienge senz mei aler
Pur bien autres amender,
Murrez vus si senz recur,
5480   Que de anguisse, que de dulur,
Partant que ne serrez mie
Tuz tens en ma cumpainnie?
Dunc ne vus vulez force faire

5452 paerdant *with first* a *expuncted*   5481 ne *interlinear addition by corrector*

5484	De enprendre senz mei eire
	Quant le busuing serrat tel
	Que ne porrat estre el?
	Dunc ne savez que bons amis
5488	Ki bien se sunt ensemble pris
	Ne poent estre desevrez,
	Tut seient lur cors esluinez,
	Meis tuz tens ensemble sunt
5492	Tant cum lur queors en amur unt?
	Tut ausi suvent avez veu
	Que ki ne se entreeiment pru,
	Tut seient lur cors pres aprés,
5496	Lur curages sunt luing adés.'
	Clement respunt: 'Ne me retez
	E a maltalent nel pernez
	Si jeo rien di cuntre reisun,
5500	Kar nel faz pas senz acheisun.
	Pur grant amur que vers vus ai
	Mun vuol de vus ne partirai,
	Kar — bien saciez! — plus aeim vus sul
5504	Que ne face autre hume nul.
	Jeo vus tieng en lieu de pere,
	En lieu de freres e de mere;
	E surquetut — que mult plus est,
5508	Dunt amur plus vers vus me crest —
	Acheisun estes de ma salu,
	Verté par vus ai entendu.
	E ceo ne feit a ublier
5512	Que jeofnes sui de queor legier,
	Partant me porreit meschair
	Si jeo deusse de vus partir.
	Duter me porreie de mesprise
5516	Par aucune cuveitise
	Dunt jeo dute nule ne avrai,
	Tant cum od vus estre porrai:
	Tute luxurie ad de vus hunte,

208r

5484 aprendre *with* a *expuncted and* en *added above*   5515 me *crossed out in plummet*

5520   Tut de reisun ne tienge acunte.
        Nepurquant, la Deu merci,
        En sa grace granment me fi
        Que mun sens ne iert ja supris,
5524   Partant que de vus ai apris
        Que jeo me deive aillurs traire
        Fors a ceo que feit a faire.
        Bien estre ceo mei est suvenu,
5528   Kar asez bien le ai retenu
        Que vus deistes a Cesaire
        Que ki vousist enprendre eire
        De od vus aler, senz cuntrister
5532   Hume ki de lui eust mestier —
        Cume de pere, cume de mere,
        Cume de femme, cume de frere,
        Cume de fiz, cume de cusins,
5536   Cume de petiz orphenins,
        Cume de ces qui proeceins sunt
        E de sucurs mestier unt,
        Ki l'um ne deit pas pur pitié   *208v*
5540   Leisser estre descunseillié —
        Ki en tel encumbrier ne fust
        Bonement le cungié eust
        De vus sivre tut errant,
5544   E de ceo vus trai a guarant.
        Jeo sui sul, kar jeo ne ai pere,
        Ne femme, ne fiz, ne mere,
        Ne frere, ne cusin, ne parent
5548   Dunt jeo deive penser granment.
        Partant que jeo sui issi sul
        Que ne ai fors mei autre nul,
        Mult ai en queor de vus servir,
5552   E si il vus plest, mult le desir.'

5525 E que ieo *of which* que *interlinear addition by corrector*   5530 prendre *expuncted*
between uousist *and* enprendre   5532 meistier *with first* i *expuncted*

Seint Pierre en prist a suzrire
Quant il oi Clement ceo dire.
Il respundi en suef heit:
5556 'Dunc ne quidez que mestier seit
Que a mun servise entendez
E mes choses en guarde eiez?
Ki frat mun lit mieuz de vus?
5560 Ki guarderat mes dras precius?
Ki poet mes aneaus mieuz guarder
E mes robes a remuer?
De ma quisine e de mes cus
5564 Ki prenderat guarde mieuz de vus?
Ki me frat mieuz de mes plenté
E la grant diverseté
Que genz se soelent aprester
5568 Pur sei meismes engruter
Cume beste afamee
Ki ne poet estre saulee?
Nepurquant celer nel dei,
5572 Tut aeiez esté od mei,
Nen estes acuinté mie
De mun estre e de ma vie,
Kar tel viande ai en us:
5576 Pain od olives e nient plus,
U od cholet asez relement,
E le ewe a beivre senglement.
Ma vesture est ci tute,
5580 Cest mantel e cest cote.
Cest me suffist, e el ne quier,
Kar ci de el nen ai mestier.
De cest siecle ne ai puint de heit,
5584 Kar mun queor aillurs me treit
U les luiers si grant serrunt
Que jameis fin ne prenderunt.
Meis merveille est de vus,
5588 Ki nen avez eu en us

209r

5567 se *interlinear addition by corrector who has added* se so *in left margin*

De meseise trop suffrir,
Cument vus poez a nus tenir
E vus si tost afurmer
5592   A nostre vie endurer
Ki avez tuz tens esté
Nurri en mult grant plenté.
En ceo feites a loer,
5596   E mult se en poet l'um merveiller,
E jeo vus mult de ceo pris
Que vus estes en ceo mis
Que rien querre ne vulez
5600   Ultre ceo que mestier avez,
Kar jeo e Andreu mun frere
Des enfance enariere
De grant poverté sumes venu   *209v*
5604   E granz meseises avum eu.
Busuinnus esteium mult,
Partant uvrer nus estut:
De ceo nus vient que de legier
5608   Errer poum e traveillier.
Pur ceo, si vulez assentir
Que jeo peusse a vus servir,
Mult mieuz a vus feire le dei
5612   Que vus nel devez feire a mei,
Kar uvrier sui e custumier
De travail suffrir de legier.'

Quant cest aveit oi Clement,
5616   Lores ne iert pas petit dolent!
Tut en cumençat a trenbler
E a grosses lermes plurer,
Kar la parole mult a queor prist
5620   Que seint Pierre avant lui mist,
De ki il plus grant pris teneit
Que tut le siecle ne valeit.

5607 *second* de *interlinear addition by corrector*   5608 *second* i *of* traueillier *interlinear addition*

Quant seint Pierre se iert aparceu
5624 Que cil plurout e dolent fu,
Purquei plurast de lui enquist.
Clement respundi, si lui dist:
    'De quei me sui mespris vers vus
5628 Que vus me avez tant cumfus
Par si dure parole dire?'
A ceo lui respundi seint Pierre:
    'Si jeo ai en ceo mespris
5632 Que jeo vus tel parole dis,
Vus tut premier en mespreistis
Quant vus ceo meisme einz me deistes,
Kar vus deistes tut avant   *210r*
5636 Que estre vuliez mun servant.'
    Clement respunt: 'Ceo ne siut nient,
Meis mun servise a vus avient,
Kar vus estes le messagier
5640 A ki est baillié le mestier
Des aumes mettre en sauveté:
Pur ceo vus ad Deus enveié,
E partant me est grief a oir
5644 Que vus deussiez a mei servir.'
    As paroles que Clement dist
Seint Pierre tel respuns fist:
    'Quanque vus dites porreit estre
5648 Si Jesu Crist, nostre meistre,
Ki en terre est venu
Pur mettre le mund a salu
E ki plus haut e plus noble est
5652 Que tute creature ne est,
Pur servir venu ne fust
E a nus cumandé ne eust
Que noz freres servisum
5656 E de ceo hunte nen eussum.'
    Dunc dist Clement: 'Trop fol sens ai
Si vus unkes veintre quidai

5625 p *erased before* q *of* Pur quei

Par rien que a vus voise disant;
5660 Meis Deus, qui tant est purveant,
Mult gracié seit a tutdis
De ceo que me sui a vus pris!
Jeo ne ai parent ki me heit,
5664 Pur ceo me sui vers vus treit;
En lieu vus tieng de parenté,
En lur lieu me avez cumforté.'
     Ceo dist seint Pierre: 'Cument, Clement,   *210v*
5668 Dunc ne avez vus nul parent?
Estes de parenz si esquis
Que nuls nen est de tuz remis?'
     Respunt Clement: 'Mult ai parenz,
5672 Kar venu sui de noble genz.
Mes parenz sunt li plus haut hume
Ki seient en tute Rume;
Del lignage a l'emperur
5676 Sui jeo, e mi ancesur.
Parent le emperur fud mun pere
E par le emperur prist ma mere
Ki esteit de grant parage,
5680 Venue fud de grant lignage.
Ensemble eurent dous fiz gemeaus,
Al dit mun pere asez beaus
E mult semblables entre sei,
5684 E furent einez de mei.
Mult me menbre de eus petit,
Fors tant cum mun pere me ad dit,
E tut ausi de ma mere
5688 Poi me membre e de sa chiere.
Faustinien out nun mun pere,
Mathidia out nun ma mere;
Un de mes freres out nun Faustus,
5692 Li autre out nun Faustinus.
Quant jeo a peine cinc anz oi
E poi de bien a l'ure soi,
Ma mere a une nuit sunjat,
5696 Sicumme mun pere puis cuntat,

Que de la cité partir deust,
Ses dous fiz einnez od sei eust:
Dis anz hors od eus serreit,   *211r*
5700   Si ceo ne feist, mar le verreit.
Mult cheri ses fiz mun pere
E mult aveit chiere ma mere:
Ne vout que lur mesavenist,
5704   E partant asez lur quist
Serjanz, serjantes a volenté
E despenses a grant plenté.
Il les cunduist e mist en mer,
5708   Vers Athenes les fist sigler;
La lur dist que demurassent
E que ses fiz a escole alassent.
Il retint mei sul od sei
5712   Pur aver cunfort de mei,
E mult merciat celui
Ki ma mere out guarni
El sunge que sungié out
5716   Que retenir od sei me pout.
Dedenz le an ne vint message
Ki gueres heitast sun curage,
Ne en vint neis un ki lui deist
5720   Cument un sul des suens le feist.
Lores aprestat messagiers,
Si lur baillat asez deniers:
Il lur dist que en mer se meissent,
5724   Vers Athenes eire enpreissent;
Al meins que il peussent la tarjassent,
Bones nuveles reportassent.
Cil lur eire unt enpris,
5728   Meis ne revindrent unkes puis.
Mun pere atendi lur venir,
Meis quant rien de eus ne pout oir,
Mult fud dolenz, e aprestat   *211v*
5732   Autres messages, sis enveiat.
Cil le tierz an passerent mer
E mult porterent grant aver;

Al quart an vindrent ariere,
5736   Meis ne de freres ne de mere
Ne unt nuvele reporté
Dunt mun pere fust heité.
A Athenes, a lur dit, furent
5740   E demandé asez i eurent,
Meis vent ne veie n'i truverent
De quanque encuntrer la quiderent:
Ne fud hume kis eust veu,
5744   Kar la ne ierent pas venu.
Tant eurent quis que il furent las,
Meis a l'amunte de un sul pas
Tant ne pourent de eus oir
5748   Que a certé lur peust venir.
Mun pere, quant il ceo oi,
Mult fud dolenz e esbai,
Kar il ne saveit u aler
5752   Pur certé des suens aver.
Il meismes alat vers la mer,
Si me fist od sei aler.
Al port vint e demandat
5756   De la gent que il la truvat
Si truvé eussent dous enfanz,
Passé furent ja quatre anz,
E une femme ki iert lur mere,
5760   Geté sus en cele costiere.
Il parlat a diverse gent
Ki respunderent diversement.
De cunfort i prist petit   *212r*
5764   Pur chose que lui eient dit;
Pur la tendrur nepurquant
Que vers les suens aveit si grant,
Sicum il fud en grant dutance,
5768   Tut ausi out il esperance
Que nuvele ditte lui fust
Dunt aukes plus de certé eust.

5767-68 *interversion corrected by letters in left margin by revisor*

Lunge fud la demurance,
5772 Partant failli sa esperance.
A sun cunseil se est adunc pris
Cum hume mult de doel suppris.
Il me baillat a guarder,
5776 Bien poi dunc duze anz aver.
Asez baillat que de un, que de el,
A mes guardeins grant chatel;
Desuz guarde me leissat,
5780 E puis de Rume se en alat
Pur ses fiz, mes freres, querre,
E sa femme ki iert ma mere.
Al port vint tut en plurant,
5784 En mer se mist e parti atant.
De cel' ure tresque al jur de ui
Message de lui ne reçui,
E tresque ça ne en ai apris
5788 Lequel il est, u morz u vifs.
Asez quid que il seit neié,
U mort cum hume adulusié.
Vint anz sunt passé que ceo fu,
5792 Nuvele de lui ne ai puis receu.'

Clement out dit ses aventures,
E seint Pierre les tint a dures;
De plurer tenir ne se pout   *212v*
5796 Par la grant pitié que il en out.
Vers ses privez puis se turnat
Ki la furent e si parlat:
'Si uns huem de nostre lei
5800 Eust tant suffert endreit sei
Cum ad suffert le pere Clement,
Tost dirreient plusurs gent
Que sule nostre religiun
5804 De si grant grief fust acheisun!
Mult ad de ces ki a ceo tienent

5776 anz *interlinear addition by corrector*

De tuz les granz griefs ki avienent
Que tuz vienent par aventure
5808   Senz ceo que Deus en prenge cure,
E quanque hume poet suffrir
De destinee deit venir.
Ki si meseirent cheitifs sunt
5812   Quant esperance de bien ne en unt.
Quant tel grief avient a gent
Ki Deu servent lealment,
E pernent le mol e le dur
5816   En pacience pur Deu amur,
Pardun avrunt de lur pechiez
Quant cuntre Deu ne en sunt gruciez.'

Quant ces paroles dittes furent,
5820   Un de ces ki la esturent
Requist seint Pierre que le matin
Venist pur veer un engin.
Ne pout estre de sens povre
5824   Li enginnur ki fist cel oevre:
Faite fud par mesterie,
Tele ne feit l'um ore mie!
Fidias la out jadis feit   *213r*
5828   Ki de uveraine mult saveit;
Mult fud meistre de peinture
E mult saveit de entaillure
Cil cel oevre enginnié out
5832   Que seint Pierre veer deut.
Cele oevre esteit en une meisun,
La ne out si merveille nun:
La meisun fud de grant afaire,
5836   Les piliers furent de veire;
Suz ciel ne ad rien ki cuntrevaille
La peinture e la entaille.
En un idle fud la meisun
5840   Ki Andarad ad a nun:

5817 i *of* pechiez *interlinear addition*

La mer tute la envirunout,
Nef lui estut ki passer vout.
Sis quarenteines i aveit
5844 De la u dunc seint Pierre esteit.
Seint Pierre, ki iert deboneire,
Ceo que iert requis grantat a feire,
E dist a ces ki od lui furent
5848 E en la idle passer deurent
Que bien purveissent entre sei
Que ne feissent nul desrei:
A la nef matin venissent
5852 E mult bel se cuntenissent;
Ne curussent amunt aval,
Par quei l'um rien notast a mal;
Alassent ordeneement,
5856 Tut feissent acemeement.
Matin par tens tuz se asemblerent,
En nef se mistrent e passerent;
Bien guarderent la maniere   *213v*
5860 Dunt sermuné lur out seint Pierre.
A la meisun venuz sunt,
Asez merveilles veu i unt.
Quant les piliers veu aveient
5864 Ki de veire e granz esteient,
Seint Pierre tint poi de pleit
De autre chose que veu i eit.
La entaille e la peinture
5868 Neis reguarder nen out cure;
A grant merveille ad tenu
Sul les pilers quant les out veu.
Il eissi puis demeintenant,
5872 Li autre alerent esguardant
Les merveilles ki furent laeinz,
Teles ne virent unkes einz.
Quant seint Pierre iert hors venu,

5855 *second* e *of* ordeneement *interlinear addition*   5864 granz *cancelled by underlining between* ueire *and* e

5876   Une femme i ad veu;
        As portes de la meisun sist
        E des passanz almodne quist.
        Mult la ad seint Pierre esguardee
5880   E puis la ad areisunee:
            'Femme,' ceo dist, 'kar me mustrez
        Quel de voz menbres perdu avez
        Que si seez mendiante,
5884   Kar seine semblez e vaillante!
        Dunt vus vient de estre si povre,
        E purquei ne feites oevre
        Des meins que Deus vus ad duné,
5888   Meis vus tenez en tel vilté
        Que rien ne vulez travaillier
        Dunt viande peussez guainner?'
            La femme ad mult suspiree   *214r*
5892   Quant si fud areisunee,
        Puis a seint Pierre respundi:
        'Bien me estust si il fust issi
        Que jeo les meins teles eusse
5896   Dunt uverainne feire peusse!
        Ore me est issi avenu
        Que la semblance ai retenu,
        Meis eles me sunt tant afeblies
5900   E par mun surfeit engurdies
        Que mortes sunt e rien ne en sent,
        Tant les ai mors as denz suvent.'
            Dunc dist seint Pierre: 'Ceo que deit
5904   Que si grant mal vus avez feit?'
            Ceo dist la femme: 'Ma malvestié
        A ceo que suefre me ad chacié;
        El n'i ad, kar si ceo fust
5908   Que puint de vertu en me eust,
        Pose ad me fusse trebuchee
        U en la mer pur duel neee,

5902 *two letters erased after* les   5905 Deo dist *with cross added in plummet in left margin*
(by revisor?)

U par mei meismes tant feit eusse
5912 Par quei mes dulurs finer peusse.'
   'Femme,' ceo lui dist seint Pierre,
  'Quel bien quidez en ceo cunquerre,
  U vus u cil ki sei oscient,
5916 Fors tant que de mal en pis chaient?
  E plus aillurs pené serrunt
  Que en ceste vie suffert ne avrunt,
  E tant plus numeement
5920 Que mort se avrunt tut ascient,
  Kar quant la aume iert geté hors,
  Plus avrat mal que ne out le cors.'
   Ele respunt: 'Ceo est mun desir   *214v*
5924 Que jeo vuldreie mult oir
  Si aume poet puis estre en vie
  Quant del cors se en iert partie,
  E si aume poet vie aver
5928 Puisque est descendue en Enfer;
  Kar bonement par cuvenant
  Suffrisse mort u peine grant
  Que poi de tens e de lieu eusse
5932 Tant que mes chiers fiz veer peusse.'
   Dunc dist seint Pierre: 'Dunt vus vient
  Que si grant dulur vus tient?
  Jeol vuldreie mult saver,
5936 Kar si vus le vuliez mustrer,
  Apertement vus mustereie
  E par reisun bien pruvereie
  Cument aumes vie unt
5940 Puisque en Enfern descendu sunt;
  E cuntre cele volenté
  En ki vus avez tant esté
  De vus meismes a mort mener
5944 Par neier u par trebuchier
  Tel medecine par mei avrez
  Dunt senz tristur finir porrez.'

5940 c *of* descendu *interlinear addition*

La femme prist aukes en heit
5948   La pramesse que lui out feit,
E en cunter lui est entré
Quels aventures ad encuntré.
Ele lui dist: 'De mun lignage,
5952   De mun pais e mun parage
Ne est mestier que vus die:
Si devient, nel crerriez mie;
Nel crerrat hume de legier,   *215r*
5956   Partant de dire ne est pas mestier.
La acheisun tant sulement
Vus dirrai de mun marrement
Purquei mes meins sunt afeblies
5960   E par mun mordre enmorties.
Venue sui de hautes genz,
Mult sunt nobles mes parenz.
Un noble hume oi a espus,
5964   Mult grant amur iert entre nus;
Dous fiz gemeaus de lui cunçui,
Aprés ces dous un oi de lui.
Un suen frere out mun barun
5968   Ki trop me amat a nunreisun;
Il me requist de vilainie,
Meis ne lui voil cunsentir mie,
Kar mult amai chasteé
5972   E quanque apent a honesté.
A mun barun nel voil mustrer,
Ne voil les freres descorder:
Surdre en porreit tost huntage
5976   A nus e a nostre lignage.
Pensive fui de mei guarder,
Partant me enpris de purpenser
Que de mun pais voil partir
5980   Pur vilainie eschiwir,
Mes dous fiz od mei aver,
Od mun barun le tierz leissier,

5967 suem *with final minim expuncted*

Tant lungement demurer hors
5984 Pur nettement guarder mun cors
Tresque tant que la folie
Par mun partir fust refreidie.
Cil ki me amat plus espris fu *215v*
5988 En ceo que chescun jur me out veu.
Mun purpens fud de cest faire,
E pur plus bel cest a chief traire
Un sunge feins cum de avisiun,
5992 Sil cuntai puis a mun barun.
Jeo lui dis que avis me fu
Que uns deus iert a mei venu:
Guarni me aveit en dormant
5996 Que jeo e mi dui enfant
Hors del pais partissum;
Dis anz hors demurissum;
Aprés dis anz, quant lui plerreit,
6000 A joie repeirer nus freit,
E si desdire de rien vuleie,
Tut avant jeo en murreie,
Puis mes enfanz tuz ensement,
6004 De l'eschaper n'i avreit nient.
Quant mun barun out cest oi,
Mult en fud dolenz e marri;
Rien desdire ne en osat,
6008 Mes nostre eire aprestat:
Serjanz, serjantes fist venir,
Sis livrat pur nus servir;
Asez i mist despense e cust
6012 En quanque il quidat que mestier eust.
Il nus cumandat dreit curs prendre
Vers Athenes e dreit la tendre;
Pur les enfanz la demurer
6016 Que escole peussent hanter,
E que tant la demurissum
Que par cungié repeirissum.

6017 tant *interlinear addition by corrector*

Q[ua]nt en mer nus fumes mis,   *216r*
6020   Tost de tempeste fumes suppris;
La nef n'i pout aver duree,
Od quanque enz iert fud perillee,
Fors jeo sule, maleuree,
6024   Sur une roche fui getee.
Tuz neierent, jeo eschapai
E en cest idle arivai.
De nuiz i vinc e sule i sis,
6028   E rien del mien ne me iert remis;
Mult esteie en anguisse,
E mei meisme neié eusse
Si pur ceo nun que jeo quidai
6032   Mes fiz truver que tant amai.
Le matin alai criante
En lung la mer, mes fiz querante,
Si les cors morz peusse truver
6036   Pur eus sevaus faire enterrer.
Genz i vindrent vers le port
Ki me virent senz cumfort;
Pitié les ad grant de mei pris
6040   E de od mei querre sunt entremis.
Mes quant faillerent de truver,
Lores me vindrent cunforter
Les femmes ki la venu ierent;
6044   Lur aventures me cunterent,
E par remenbrer lur dulur
Geter me voudrent de tristur.
Mes tant esteie plus marrie
6048   Cum de lur grief oi plus oie;
Cunfort aver de autri damage
Ne sist pas bien en mun curage.
Adunc i out asez de tels   *216v*
6052   Ki mult me offrirent lur ostels.
Entre les autres une i vint
Ki me requist e tant me tint

6030 meissme *with second* s *expuncted*

Q[ue] a sun ostel venir me fist,
6056 Kar pur paroles que ele me dist
En queor me vint de estre od lui,
Partant sun ostel recuilli.
Ele me dist que vedve fu,
6060 Kar un barun aveit eu
Ki fust joefne bacheler
Quant il fud neié en la mer,
E que puis la mort celui
6064 Ne se vout prendre a autri.
A vedvage se fud prise;
Tut eust asez este requise,
Ne vout prendre autre seignur,
6068 Vers le premier out tel amur.
Ele me dist que jeo od lui fusse
E en cumune od lui eusse
Sun ostel e autre bien
6072 De sun travail e del mien.
Que vaut lung cunte acunter?
Od lui choisi de arester,
E de ceo vint la acheisun
6076 Que fei guardast a sun barun.
Ne poi mettre en ubliance
Cum dure fud ma meschaance:
Tant mors mes meins e tant les tuers,
6080 Tant fis de tort e de travers
Que tost aprés tut enmortirent
Si que unkes puis ne me firent;
E la femme ki me ad receue   *217r*
6084 De palazin fud puis ferue;
Cuntre lit a l'ostel gist
Si que, pose ad, oevre ne fist.
Ces ki de mei pitié eurent
6088 De lur bien, pose ad, se recrurent.
Ambesdous mendiables sumes,
Despendu est ceo que nus eumes:

6089 m*en*diables *written on erasure by corrector*

Sicum vus veez, ci me siez
6092   Pur ruver dunt mei seit de mieuz;
En cumune a nus dous est
Quanque puis faire de cunquest.
Asez ai dit, oi le avez;
6096   E vus de faire que targiez
La pramesse que mei fesistes
Quant en esperance me meistes
De medcine tele duner
6100   Par quei nus puissum trespasser
Les anguisses que ci suffrum
E que tost murir peussum?'

Seint Pierre estut mult esbai
6104   Quant de la femme out tant oi;
Mult pensat de l'aventure
E mult en fud en cunjecture.
Clement atant est survenu
6108   E dist que entur out mult curu,
Kar quant failli de seint Pierre,
Asez fud alé pur lui querre.
Ceo dist Clement: 'Mult vus ai quis,
6112   Ore me dirrez vostre avis.
Que plest vus que nus façum?'
Seint Pierre respunt: 'Ja tost irrum.
Vers le port avant alez
6116   E a la nef nus atendez!'
Cil cuntredire ne lui vout,
Tost fist ceo que cumandé out.

Rien en ubli ne mist seint Pierre
6120   De quanque oi la femme dire.
Il en pensat mult granment
Sicum puis cuneut a Clement;
Aulkes en out de susspeciun
6124   E mist la femme a reisun:

217v

6097 feisistes *with first* i *expuncted*

Dunt fust nee e de quels genz,
E quels furent ses parenz;
De sun pais le nun lui deist
6128 E de ses fiz par meismes feist,
Kar si dire vousist tant,
Asez freit sun cuvenant
De ceo que a lui pramis aveit
6132 Que medcine lui durreit.

La femme, tut fust en destreit,
Verté cunuistre ne vuleit;
La medcine mult cuveitat,
6136 Mes nepurquant mult se celat.
En mençunge sei apuiat,
Kar sun pais Ephesie numat;
De Sezilie fud sun barun,
6140 Ne sai si menti de sun nun;
De ses fiz les nuns menti,
Mes seint Pierre ne l'entendi.
Il quidast que ne mentist pas,
6144 Pur ceo respundi: 'Femme, allas!
Mult ai esté en grant penser
Que deussum ui grant joie aver,
Kar jeo ai oi de nuvel   *218r*
6148 Un cunte pur poi tut autel
De une femme de tel maniere
Dunt mult acorde la mateire,
E mult quidai que cele fussez
6152 Partant que cunté me avez.'
        Quant la femme out oi tant,
Sil cunjurat de dire avant.
Ele lui dist: 'Merci vus cri,
6156 Faites ceo que jeo vus pri!
De cele femme me cuntez
Dunt vus poi tuchié me avez;
Dites mei ki ele fu,
6160 E ceo que lui est avenu;
Mult cuveit de lui oir,

E partant saver desir
Si femme fud unkes nee
6164   Ki seit de mei plus maleuree.'
        A seint Pierre grant pitié prist,
Ne sout mentir de rien, mes dist:
        'Entre ces ki od mei sunt
6168   E pur Deu siwant me vunt
Est un vadlet, bien gentil hume,
Ki a sun dit fud né a Rume.
Cil me dist uncore, ne ad gueres,
6172   Que il out ja pere e dous freres
Einznez de lui, e furent gemeaus,
Mes en vie ne iert nuls de eaus.
Sun pere, ceo dist, lui out cunté
6176   Que sa mere out sungié
Que de Rume partir deut
E que aillurs meindre lui estut.
Ses dous fiz, ki gemeaus furent,   *218v*
6180   Od lur mere partir deurent,
E si faire nel vuleient,
Senz rescusse tuz murreient.
De sa cuntree se en parti
6184   E ses dous fiz menat od lui,
Mes u il seient devenu
Ne pout puis unkes estre seu.
Pur eus querre alat lur pere,
6188   Mes unkes puis ne vint ariere.'
        La femme fud mult esbaie
Quant ele aveit tant oie;
Tenir ne pout que ne chaist,
6192   Seint Pierre la levat si la asist.
A sun poer la cunfortat
E purquei chaist la demandat.
        A tart quant vint de pasmeisun
6196   E recuilli en sei reisun,
Lores se prist a avigurer

6163 *interlinear* mes *added after* fud *by revisor*   6180 *first* e *of* deurent *interlinear addition*

E sun visage a freer
Cuntre la joie que ele entendi
6200 Aver de ceo que ele out oi.
Puis ad dit: 'Sire, si vus plest,
Dites u cil vadlet est!'
     Seint Pierre entendi ja le afaire,
6204 Mes plus vuleit de lui atraire:
'Femme,' ceo dist, 'plus me dirrez
Einz que celui veer peussiez.'
     Dunc dist la femme: 'Al veir dire,
6208 Cil est mun fiz, jeo sui sa mere.'
     Seint Pierre enquist quel nun il eust
Que partant plus acerté fust:
'Cum ad,' ceo dist, 'cil vadled nun?'   *219r*
6212 Ele respunt: 'Clement ad nun.'
     'Ceo fud cil,' ceo dist seint Pierre,
'A ki oreinz me oistes dire
Que vers la nef alast avant.'
6216 La femme rechai atant
E as piez seint Pierre se mist,
E od grant entente le requist
Que se hastast vers la nef.
6220 Seint Pierre respunt derichief:
'Bien frai ceo que requerez
Si fei porter me vulez
Que ceo facez que jeo dirrai.'
6224 Ele respunt: 'Trestut le frai,
Meis que tant sulement me facez
Que mun chier fiz me mustrez,
Kar esperance par lui ai
6228 Que mes autres fiz truverai.'
     Seint Pierre lui dist: 'Quant le verrez,
Semblant ne feites, mes vus tenez
Tresque tant que a lui viengum
6232 E que ensenble a lui parlum!'

6207 Aunc *with red one-line initial* A *crossed out in red ink and red* D *added to left*
6216 rechaist *with* st *expuncted and erased*   6223 d *erased before* ieo

La femme dist: 'Tut frai issi.'
Atant se sunt de iloec parti.
Seint Pierre la femme tint
6236 Par la mein e si se en vint;
Vers la nef sunt tant venu
Que Clement les ad ja veu.
Clement en rist que si se en vindrent
6240 E que as meins issi se tindrent;
Vers eus se est mis nepurquant,
De luinz les alat encuntrant.
Il tendi avant sa mein,   *219v*
6244 Bien mustrat que il ne iert pas vilein;
La femme de seint Pierre prist,
Ceo pur le onur sun meistre fist:
Pur seint Pierre delivrer
6248 La femme vout avant mener.
Tant tost cum ele sa mein senti,
Chaudpas levat un grant cri;
Vers lui sailli pur enbracier,
6252 Cume mere fiz le vout beisier.
Clement ne sout puint de l'afaire
E partant se vout retraire.
Il tint la femme a desvee,
6256 Partant de sei la ad rebutee;
Hunte en out en sa maniere,
Si se desdeignat vers seint Pierre.
    Seint Pierre dist dunc: 'Leissez, Clement,
6260 Beal fiz, portez vus belement;
Ne rebutez vostre mere,
Bien la devez aver chiere!'
    Tantost cum Clement oi cest,
6264 Mult aveit les lermes prest;
Vers sa mere se abeissat
Ki jut a tere, si la beisat.
De asez pres la ad avisee,
6268 E tant cum plus la ad esguardee,

6235 timt *with first minim of* m *expuncted*

Tant plus lui vint la remenbrance
De l'anciene cunuissance.
Asez genz i acururent
6272 Ki de la cuntree furent,
Kar la nuvele iert tost seue
Cument la femme iert recunue
Ki fud povre mendiante
6276 E out esté la demurante,
Cument sun fiz truvé la aveit
Ki prudhume tenu esteit.
Seint Pierre e ces ki od lui ierent
6280 De eissir de l'idle se apresterent;
Ja deveient en nef entrer
E la femme od sei mener,
Meis la femme dist a Clement:
6284 'Beal fiz, ne puis reinablement
De ici partir senz le cungié
La femme ki me ad herbergié.
Malade est e meseisee,
6288 A l'ostel gist descunseillee.'
        Seint Pierre e tuz ki ceo oirent
Grant bien en lui entendirent,
E a merveille la unt preisee
6292 Que sa cumpainne ne out obliee.
Seint Pierre chaudpas apelat
Asquanz des suens e cumandat
Que pur la femme s'en alassent,
6296 Tut en sun lit la lui portassent.
Cil en haste s'en alerent
E la femme aporterent;
As piez seint Pierre la unt avalee
6300 Veant tute cele assemblee.
        Quant tuz se turent, seint Pierre dist:
'Si ceo est veir que Jhesu Crist
Mei ad pur ceo enveié
6304 Que jeo vus mette en verité,

220r

_____

6289 oierent *with first* e *expuncted*   6290 entendeirent *with third* e *expuncted*

E si jeo bien faz e vers vus di
Sicum jeo le ai apris de lui
Pur cunfermer tuz ces en fei   *220v*
6308   Ki se tienent a sa lei,
E pur feire a tuz saver
Ki bien le creient senz duter
Que uns Deus est en ciel e en terre
6312   Ki volenté nus cuvient faire,
En nun sun Fiz, ki quanque est veit,
Ceste femme ci seine seit!'
        Ne dist fors tant, e cel a peine,
6316   Quant la femme surst tute seine:
Ele estut sus e puis chai
As piez seint Pierre ki la out guari.
Vers sa cumpainne puis turnat,
6320   De l'aventure lui demandat.
Cele lui cuntat tut briefment
La fin e le cumencement
Issi que tuz se esmerveillerent
6324   Ki del pais acuru ierent.
Seint Pierre a[l] pueple fist sermun,
Bien parlat de religiun;
Bien i parlat de la fei
6328   Tant cum le tens le aveit en sei.
Puis dist a tuz que ki vousist
Avant oir aprés venist;
A Antioche le truvereit,
6332   Kar treis meis la sujurnereit;
Asez dirreit ceo que apent
A la salveté de la gent.
Un essample lur treist avant
6336   De ceo que funt ki sunt marchant:
'Si genz,' ceo dist, 'pur marchandise
Suvent grant veie unt enprise,
E vunt hors de lur pais   *221r*
6340   E en perilz grant se sunt mis,

6313 est *interlinear addition*   6323 e *erased before* se

Que par terre, que par mer,
Pur cuveitise de guainner,
Purquei deit l'um a grief tenir
6344 De sa cuntree fors partir
E treis meis estre pelerin
Pur la vie ki ne averat fin?'
    Quant cest e el i out parlé,
6348 Clement la femme ad apelé
Ki fud ostesse sa mere
E iert guarie par seint Pierre.
Del suen mil dragmes lui dunat
6352 E veant tuz la cumandat
A un haut hume del pais
Ki de bunté aveit grant pris;
Cil la receut e bien pramist
6356 De chose faire dunt le requeist.
Clement del suen tut ausi
As autres femmes ad parti
Ki aveient cumfortee
6360 Sa mere quant fud esguaree;
Grez e merciz ad a tuz dit
Ki bien lui firent grant u petit.
Hors de l'idle atant nagierent
6364 E la femme od sei menerent.
A l'ostel furent ja tuz venu,
Chescun endreit sei a eise fu;
Lores enquist del fiz la mere
6368 Que fust devenu sun pere.
    Ceo dist Clement: 'Il se en parti
Pur vus querre, e puis nel vi.'
    Ele enprist a suspirer,   *221v*
6372 Mes puis se prist a cunforter,
Kar a grant heit lui fud turné
Que sun fiz aveit truvé;
Tuz autres maus out ubliee,

6350 par *written on erasure*   6351 g *erased before* dragmes   6356 la   6361 a *interlinear addition by revisor*

6376   Tant fud par lui cumfortee.
            Seint Pierre aveit sa femme od sei,
        Espusee sulung la lei;
        U que il alast, ele siwi
6380   Sicumme femme deit sun mari.
        Od lui mist Clement sa mere,
        Kar si le out granté seint Pierre.

            Seint Pierre se esmut le jur aprés,
6384   Ne vuleit la demurer mes.
        Par jurnees tant alat
        Que a Laodice aproeçat,
        Une cité renumee
6388   De grant richesce e bien pueplee.
        Pres des portes iert ja venu
        Quant Niceta se est aparceu,
        E sun frere Aquila,
6392   Ki furent avant venu la.
        Quant il le virent, vers lui se esmurent,
        De sa venue mult joius furent;
        Par grant amur les saluerent,
6396   Lui e les autres tuz beiserent.
        Sun ostel eurent aturné
        A l'ospital, la le unt mené.
        Seint Pierre vit la cité grant
6400   E grant pueple laenz manant;
        Iloec, ceo dist, vout arester
        Dis jurs, u plus, si il fust mestier.

            La mere seint Clement fud la venue,   222r
6404   Mes ne fud pas de tuz cunue,
        Kar Niceta e Aquila
        Ne aveient mie esté la
        U seint Pierre la out truvee
6408   Senz cunseil e meseisee.

6385 alast *with* s *expuncted*   6386 a *of* laodice *written on erasure*   6391 *first* A *of* Aquila *reformed from illegible letter*   6403 seint *scored though in plummet (by revisor?)*

Pur ceo mistrent a reisun
Clement, ki iert lur cumpainun,
Que il lur deist, si dire le seust,
6412 Ki cele estrange femme fust.
        Clement respunt: 'Ceo est ma mere
Que Deu me ad rendu par seint Pierre.'
        Quant Clement aveit dit tant,
6416 Seint Pierre demeintenant
Lur cumençat a cunter tut
Cument la femme truvé out.
Il lur dist premierement
6420 De sei meisme e de Clement
Cument il ensemble alerent
E entre sei cument parlerent
Quant cil furent alé avant
6424 Guier le pueple ki fud grant.
Clement, ceo dist, lui out cuneu
De quel pais il iert venu,
De la perte de sa mere,
6428 De ses freres, puis de sun pere;
De l'idle aprés u il entrerent
Pur les merveilles ki laenz ierent;
De la femme cument la sist
6432 Ki des passanz almodne requist,
E cument il parlat a lui,
E quel respuns ele rendi;
De tute sa male aventure   *222v*
6436 Tresque tant que vint a l'ure
Que en mer esteit perillee
E a peine fud eschapee;
E de la perte de ses fiz
6440 Ki en la mer furent periz,
Dunt Faustus fud numé le un,
E Faustinus out l'autre a nun.
        Tut ad seint Pierre cest cunté,
6444 Mes ne l'ad dit suz tel briefté,
Kar en ordre cuntat tut

A leisur sicumme oi le out.
Dit le ai des einz prolixement,
6448   Partant le ai mis ci plus briefment,
Kar a ennui porreit turner
De trop suvent un rehercer.
       A peine aveit cunté seint Pierre
6452   Quant Niceta e sun frere
Aquila saillerent sus,
Quant ne se pourent tenir plus.
Il esturent tut esbai
6456   E distrent: 'Sire Deus, merci!
Ceo que est que nus oium?
Poet ceo estre veir, u nus sunjum?
Ceo que nus avum ci oi,
6460   Poet il estre que il seit issi?
Poet estre que ceo ne seit gas?'
       Seint Pierre respundi chaudpas:
'Veirs est ceo que oi avez
6464   Si nus ne sumes forsenez.'
       Cil se tuerent un petit
E en oiance unt puis dit:
       'Cil dous, Faustus e Faustinus,   *223r*
6468   Dunt vus parlez, ceo sumes nus!
Mult vus avum escuté
E en purpens avum esté
Par escuter vostre reisun
6472   Si ceo turnast vers nus u nun.
Nus pensamus e preimes cure
Que une meisme aventure
Sout avenir asez suvent
6476   En divers lieus a multe gent.
Tut eium nus suspeciun eu,
Nepurquant nus eimes tenu
Pur oir e pur entendre
6480   Quel chief la chose devereit prendre,

6446 e *of* sicumme *reformed from illegible letter*   6461 ne *interlinear addition*
6471 reisum *with final minim of* m *erased*

Que cunuissant adunc fussum
Quant la certé apris eussum.'
Ne sai rien del cuntienement
6484 Ne de la joie que Clement
E ses dous freres feit i unt
Quant si entretruvé se sunt.
Mun essemplaire ne en dit rien,
6488 Meis nepurquant tant sai jeo bien
Que tuz treis furent mult joius,
Mes ne vus en sei dire plus.
    Tut ausi ne sai de lur mere
6492 Si receut santé par seint Pierre;
Mun essemplaire ne en dit mie
Si de ses meins i fud guarie,
Mes nepurquant seurement
6496 Dire en vuiel ceo que jeo sent:
Seint Pierre ne iert pas si lanier
Ki ses disciples out tant chier,
E ne esteit pas si vileins   *223v*
6500 Que a lur mere santé des meins
Par la vertu Deu ne rendist
Ki a estranges asez mieuz fist!
    Les dous freres mult joius ierent
6504 E de joie asez plurerent;
Mult unt desiré de veer
Lur mere e od lui parler.
En sun ostel entré sunt,
6508 Mes dormante truvé la unt;
Beisser la voudrent tut errant
Sicumme ele jut la en dormant,
Mes suffrir nel vout seint Pierre
6512 Kis ad cumandé traire ariere:
'Suffrez,' ceo dist, 'que ele repose,
E ne lui dites nule chose!
Lessez mei a lui parler

6483 *letter erased after* rien   6496 ieo *added to right of text by revisor*   6513 st *of* dist *smudged from being written on blemish*

6516　E sun curage aturner:
　　　　Quant mun avis mustré avrai,
　　　　Puis a lui vus offerai,
　　　　Kar si sur saut fust esveillee
6520　E ne fust einz esbrucee,
　　　　Esbaie tost serreit,
　　　　E de joie que ele avreit
　　　　Tost devendreit esperdue
6524　Par trop sudeine survenue.'
　　　　　　Quant ele iert tant reposee
　　　　Que tut par sei fud esveillee,
　　　　Seint Pierre lui dist, ses fiz oiant:
6528　'Jeo vuil que sacez tut avant
　　　　Quele est nostre religiun,
　　　　Ne sai si ele vus plest u nun.
　　　　Deu fors un ne clamum nul,   *224r*
6532　Del tut nus tenum a lui sul;
　　　　Il ad le mund de nient crié,
　　　　A lui nus sumes alié:
　　　　Nus lui portum ferme fei
6536　E bien nus tenum a sa lei.
　　　　Tel est sun premier cumandement
　　　　Que sur tuz le amum lealment:
　　　　Tute nostre devociun
6540　Mettre devum en sun nun.
　　　　Noz parenz devum onurer,
　　　　Dreiture e chasteé guarder,
　　　　E gueiter nus devum bien
6544　De aver cummune od paien,
　　　　Cum en beivre, cum en mangier,
　　　　Tut nus seit ami mult chier.
　　　　Tuz devum lé mettre ariere,
6548　Tut nus seient pere u mere,
　　　　Femme, fiz, frere e surur,
　　　　Cusin germein, lige seignur,

6519 esueilliee *with second* i *expuncted*   6525 *suspension mark over* Quant *added in brown wash*   6547 la

Tresque baptesme eient receu
6552 E Crestien seient devenu:
Desdunt avrunt cumune od nus,
E nus prendrum cumune od eus.
Pur ceo seiez avant guarnie,
6556 Ne vus deit ennuier mie:
Quant tel est nostre religiun,
Ne poet pas estre par reisun.
Tut seez vus mere Clement,
6560 Ja ne vus prenge tel talent
Si vus od lui ne mangiez
Einz que a sa lei turnee seiez!'
  Ele respunt: 'Quei me defent   *224v*
6564 Que jeo ne seie erraument
Sulung sa lei baptizee,
Senz ceo que en seie delaee?
Kar en verté le vus di
6568 Que, pose ad, ai mult hai
Ces qui sunt apelé deus,
Ke unkes ne truvai bien en eus:
Mult lur ai sacrifiee,
6572 Mes unkes ne en fui avancee.
De chasteé que vus dirrai
Que jeo tuz tens tant amé ai
Que pur estre en delice
6576 Ne cunsenti a malveis vice,
E pur destresce de povreté
Ne guerpi ma chasteé?
Bien me devez de ceo creire,
6580 Kar bien le poez aparceveir
Cument me vint de grant amur
E de grant leauté vers mun seignur
Que pur mei en chastee tenir
6584 E pur vilainie defuir
Le sunge feins dunt dit vus ai
E od mes dous fiz m'en alai,

6579 ceo *interlinear addition by corrector* 6580 aparceiure 6584 fuir *erased before* defuir

E Clement sul lessai ariere
6588 Pur estre a cunfort a sun pere,
Kar li dolenz iert mult tendrier
De ses enfanz, que il out mult chier,
Issi que a peine vout granter
6592 Que les dous peusse od mei aver
E que Clement a lui remeist:
Lui sul eust, e atant se feist.
Kar rien ne eusse espleité   *225r*
6596 Si le sunge ne eust esté,
Partant me vint autorité
De aver les dous a volenté,
Kar si jeo ne eusse suveau nun
6600 Leissé al pere des treis le un,
Remis en fust tut senz cumfort
E tost en peust aver la mort.'
      Niceta e Aquila pur murir
6604 Ne se pourent mes tenir
Quant lur mere aveit dit tant;
Enbracee la unt demeintenant,
Le un e l'autre mult la beiserent
6608 E de joie mult i plurerent.
      La femme fud mult esbaie
Quant cil la aveient si saisie;
Que ceo peust estre lores enquist,
6612 E seint Pierre desclost tut e dist:
      'Femme, ne seiez pas trublee,
Mes mult seiez al queor heitee!
Seure seiez, ceo sunt voz fiz
6616 Ki deurent estre en mer periz:
Ces sunt Faustus e Faustinus!
Mes des ore iert en vus
De l'enquerre cument ceo seit
6620 Que Damnedeu guari les eit,
Cument de peril eschaperent
La u li autre tuz neierent,

6597 de *expuncted between* vint *and* autorite

E ki si changié ad lur nuns
6624 Que Niceta ad nun li uns,
E l'autre ad nun Aquila,
E ki primes si les apela.
Enquerez de lur aventures, *225v*
6628 Que des moles, que des dures,
E nus od vus escuterum
Ceo que des einz oi ne avum!'
   La femme mult joiuse esteit
6632 Quant tel nuvele oi aveit.
Pur la joie que ele en out
Ne pout a l'ure dire un mot;
Ne pout tenir que ne chaist,
6636 A tart resurst e puis i dist:
   'Mes duz enfanz que tant ai chier,
Dites mei, mult vus requier,
Quel aventure vus avint
6640 En la tempeste ki nus tint,
Ki tant fud forte e hisduse,
Dunt ai esté tant duluruse!'
   Dunc dist Niceta: 'Ma bele mere,
6644 La nuit ki tant nus fud amere,
Quant nostre nef fud depecee
E par piecez degetee,
Nus dous enfanz — ne sai cument —
6648 Venimes sur un tablement
Ki de la nef fruissé esteit
Quant del tenir mes n'i aveit.
Tute la nuit nus i tenimes
6652 E grant meseises i suffrimes;
Que ça, que la, mult chacié fumes,
Point de repos aver n'i poumes.
Matin vindrent gent najant
6656 Ki nus virent la waucrant:
Roburs furent ki gueitouent

6623 *interlinear* ad *added between* ki *and* si *by corrector*   6637 Des duz *with cross added in left margin by revisor*

Les nefs ki par mer alouent
Pur tolir a genz lur aver,

6660 Ne serveient de autre mestier.
Il nus pristrent en lur nef,
Mes ceo nus turnat trop a grief:
N'i truvames puint de amur,
6664 Kar trop i fumes tenu dur;
Pené fumes a desmesure
De feim, de seif e de bature.
Trop malement nus turmenterent
6668 E ambesdous noz nuns changerent:
Mei numerent Nicetam
E mun frere Aquilam.
Il nus tindrent issi dur
6672 Pur nus mettre en pour
Que descuverer ne deussum
De quel cuntré nus fussum.
Cil pur tempeste ne lesserent
6676 Que tut a force ne nagerent,
E lur curs tant lunges tindrent
Tresque il a Cesaire vindrent;
La nus vendirent les roburs
6680 Ki mult nus eurent esté durs.
Une vedve de Cesaire,
Honeste e mult deboneire,
Ki Juste out nun, nus achatat
6684 E pur ses fiz nus avuat.
Ele nus fist a escole aler
E bien nus fist endoctriner;
De bien aprendre nus penamus,
6688 Les philosophes puis hantames.
Mult esteium en grant desir
Que la certé peussum oir,
Quele fust la religiun

6692 Ki feist a tenir par reisun.
Nus desputamus de ceo suvent,

6682 Honeste m*u*lt e

Mes poi preimes de amendement;
Mult meimes entente grant
6696 De estre meistre en desputant.
Nus avium un cumpainun
Ki Simun Magus out a nun;
Enchantur fud e mult mal sout,
6700 Pur ceo Magus surnun out.
Nus lui portames cumpainnie,
Tut fust il de male vie;
Ensemble od li fumes nurri,
6704 Partant tenimes plus a lui.
Tant lui portames amistié,
Pur poi n'en fumes enginnié.
Un verrai prophete avum
6708 En la lei que nus tenum.
Mult out esté sa venue
Desiree e atendue:
Grant esperance en lui unt
6712 Ki de sa religiun sunt.
Il ad pramis tuz tens a vivre
A tuz ces kil vuelent siwre;
Ki se vuldrent vers lui traire
6716 E penerunt sei de sun gré faire
Boneuré tutdis serrunt,
Kar en joie senz fin viverunt.
Nus quidamus que Symun fust
6720 Cil ki tel vie duner peust;
Deceu fussum tut par lui
Si Zacheu ne nus eust guarni,
Un disciple mun seignur Pierres.   *227r*
6724 Cil nus mustrat que trechierres
E malfeitur fud cil Symun,
E ne fist si mentir nun.
Partant de Symun departimes,
6728 E a seint Pierre en venimes
Pur oir la perfectiun

6703 li *interlinear addition by corrector*   6721 fu *of* fussum *written on erasure*

De veraie religiun.
Bele mere, en tel maniere
6732   Venuz sumes a seint Pierre,
E tel bien a vus desirum
Cum nus meismes truvé avum
Que le bien que Deu nus dune
6736   Prendre peussum en cumune,
Kar mult sumes desirus
De mangier e beivre od vus.
Bele mere, tels aventures
6740   Truvé avum tresque a ces ures;
Issi nus pristrent li robur
Ki nus tindrent estreit e dur
Quant vus quidastes que en la mer
6744   Neié fussum senz recuvrier.'
        Quant Niceta tant dit aveit
Cum a sa reisun afereit,
Sa mere atant chai a tere,
6748   Si se mist as piez seint Pierre
E requist que sa cumpainne
Feist venir que il out feit seine,
E ki la aveit herbergee
6752   Quant de peril fud eschapee;
Quant fust venue, ne tarjast,
Mes eus dous tost baptizast,
Que neis cel jurné fust partie   *227v*
6756   De la pleinere cumpainnie
De ses treis fiz, e si lui pleust,
Grantast que od eus manjast e beust.
Mult ad cest requis la mere,
6760   E ceo requistrent li trei frere.
        'Que quidez,' dist dunc seint Pierre,
'Que jeo si seie de mal eire
Que buter vus vueille ariere
6764   Que ne mangez od vostre mere?
Mes il est mestier nepurquant

6761 z *of* quidez *written on erasure*

Que ele jeunt un jur avant,
E puis serrat baptizee:
6768 Ja plus avant ne iert delaee,
Kar bien sui cert que senz dutance
Mult ad vers Deu ferme creance,
Kar tel parole oi de lui
6772 Dunt de sa fei bien seur sui.
Si ceo ne fust, plus demurreit,
Kar en esproeve lung tens serreit;
Mult cuvendreit a lui parler
6776 E mettre peine de l'enseinner.'
    Dunc dist Clement: 'Kar descuvrez
La parole que oi avez,
Par qui vus avez seurté
6780 De sa ferme volenté!'
    Seint Pierre respundi a Clement:
'Pris ai certein esperement
De la parole que ele dist
6784 Quant pur sa ostesse requist
Que l'um la feist venir a sei
E que od lui fust de nostre lei,
Quant ele desire que part eit   *228r*
6788 Del bien que par nus prendre creit.
Grant amur lui ad mustree
Quant veut que od lui seit baptizee;
Si grant chose ne en quidast,
6792 Ja une feiz ne la mandast.
De ceo sunt plusurs a blasmer,
Ki mult funt a amender,
Que quant il unt receu baptesme,
6796 Tut le guardent endreit sei meisme.
Ne funt semblant que seur seient
Que del baptesme grant pru eient
Quant il ne unt lur peine mis
6800 En lur parenz e lur amis
De eus atreire a la fei

6793 ceo *interlinear addition by corrector*

Que il unt recuilli endreit sei.
Si il creient e seur sunt
6804 Que pardurable vie avrunt
Par la fei que il unt receu,
Bien en dussent estre purveu
De tanz atraire cum il peussent
6808 Que boneurez ensemble fussent.
Ki ad parent u ami
E il le veit enmaladi,
U en peril dunt dute seit
6812 Que guarisun nule n'i eit,
Mult en plure e est dolent
Pur le peril que il i entent.
Tut ausi ces qui unt receu
6816 La fei dunt lur deit surdre pru,
Si il ceo creient e sunt bien cert
Que ki creit en Deu e bien le sert
Del feu de Enfern eschaperat   *228v*
6820 E a la joie del ciel vendrat,
Mult se deussent de queor pener
De lur amis amonester
Que bien se seient avant purveu
6824 Que ne viengent en cel feu.
E de ces qui sunt si dur
Que ne pur pru, ne pur amur
Ne se voelent cunvertir
6828 Que lur salu vueillent oir,
Mult en deit l'um estre dolent
E plurer anguissusement
De ceo que a dulur livré sunt
6832 E pardurable peine avrunt.
Mes ore me feites ça venir
Cele autre femme pur oir
Si nostre lei lui plest u nun,
6836 Puis en verrum par reisun;
Kar ceste femme ki est ici,

6817 bien *written on erasure*   6836 vuerrum

Pur la fei que vei en lui,
Fors un sul jur ne junerat
6840 E baptizee puis serrat.'
    La femme ki presente fu
Oiant tuz ad respundu
Que puisque ses fiz out truvé,
6844 Puint de viande ne out gusté:
Pur la joie que ele aveit
Del mangier rien ne lui chaleit;
Si lié fud de la truvure
6848 Que unkes puis nen aveit cure
De rien user petit u grant,
Fors sulement le jur devant
Plein hanap de ewe aveit beu,   *229r*
6852 E ceo out la femme seint Pierre veu.
    La femme seint Pierre bien cuneut
Que ceo que dit out veirs fud tut.
    A ceo que cele issi parla,
6856 Lores respundi Aquila:
    'Quant nus en avum oi tant,
Purquei irrum delaiant
Que ele ne seit baptizee
6860 Quant tant ad avant junee?'
    Seint Pierre a ceo aukes suzrist:
'Cel juine,' ceo ad dit, 'que ele fist
Ne fud pas juine de baptesme
6864 Quant nel junat pur cel meisme.'
    Dunc dist Niceta: 'Par aventure
Deus nus ad purveu tel mesure
Que puisque ensemble sumes venu
6868 E nus avum entrecunu,
Del juine vout que avant fust
Einz que del juine la reisun seust,
Que ele de nus e nus de lui
6872 Neis un jur ne fussum departi,
Mes une table ensemble eussum
E en cumune mangissum.

Sicum ele se tint chastement
6876 Einz que eust pris entendement
Que chasteé fust grant vertu,
Dunt nepurquant lui surst grant pru,
Tut ausi junat, si devient,
6880 Einz que ele seust quel pru en vient,
Pur estre par tens baptizee
Sen ceo que en fust purluinnee,
Tut ne seust pas aparmeisme   *229v*
6884 A quel bien turne le baptesme,
E tut fist quanque feire dut
Senz ceo que la reisun en sout
Pur estre partant avancee,
6888 E de rien ne fust desturbee
Del baptesme par tens receivre
E od nus mangier e beivre.'
    Respunt seint Pierre: 'Seium purveu
6892 Que par Deable ne seium deceu
Par acheisun de vostre mere,
Tut si seit que la eiez chiere!
Mes jeo e vus mieuz le frum,
6896 Kar tuz ensemble ui junerum,
E vostre mere iert baptizee
Demein le jur si Deu le agree,
Kar nus ne devum leissier mie
6900 Dreiture pur avuerie:
Ne pur grace de persone,
Ja tant ne seit tenue a bone,
Ne pur requeste de ami,
6904 Ja tant ne seium entrecheri,
Ne nus devum tresublier
Des cumandemenz Deu guarder.
Ne vus deit pas ennuier
6908 De od vostre mere ui juiner,
Kar ceo poet turner a grant pechié

6875 tinc   6885 *final* t *of* tut *reformed from partially erased* f   6905 ne *crossed out in plummet between* nus *and* deuum *(by revisor?)*

Leisser ceo que Deu ad cumandé;
Guarder devu[m] noz senz foreins
6912 Ki de charnel delit sunt pleins
Que sur noz sens, ki dedenz sunt
E a penser de sul Deu unt,
Ne peussent aver tel baillie   *230r*
6916 Dunt lur franchise seit perie,
Mes cil dedenz sur les foreins
Seient meistres suvereins.'
      Seint Pierre aukes plus i dist,
6920 Kar essamples avant lur mist
Ki sunt escrit en le Ewangeile
Plus que jeo ci mettre ne vueille.
      A cel jur junerent tuz,
6924 E quant le matin iert venuz,
Seint Pierre fist venir avant
La mere, ses tres fiz veant.
Ordre e reisun partut guardat,
6928 E sulung ceo la baptizat
En tels funz cum la aveit:
Ceo fud la mer que pres esteit.
Puisque feit out tut lur gré,
6932 A l'ostel sunt tuz repeiré.
La enseinnat a la mere
Asez de ceo que fist a feire;
Asez lui dist de la reisun
6936 Ki apent a religiun.
En cumune puis mangerent
E Damnedeu mult mercierent,
E seint Pierre ensement
6940 Ki dit lur out asez cument
Hume ne poet perdre mie
En ceo que il meine chaste vie,
Meis grant pru lui en surdrat
6944 Ki chasteé bien guarderat;
Tut ausi cum del cuntraire,

6913 sanz *erased between* sur *and* noz; de *of* dedenz *interlinear addition by corrector*

Ki de chastee se veut retraire
E mener tute sa vie   *230v*
6948   E[n] ordure e lecherie
Grieve peine en sufferat,
Seit tost, seit tart, ne eschaperat.
Tut seit chasteé grant vertu
6952   Ki mult pleise a Damnedeu,
Nepurquant cil ki meseirent
Tant que de Deu pru ne espeirent
De lur chasteé pru ne avrunt
6956   Quant chastes pur Deu ne sunt;
Mes cil serrunt boneuré
Ki Deu vuldrunt servir a gré,
E chastement se guarderunt
6960   Puisque baptesme receu avrunt.
        Cest lur aveit dit seint Pierre
Pur acheisun de lur mere.
Puis lur dist que il preissent cure
6964   E essample de l'aventure
Ki a lur mere iert avenue,
Ki chastement se fud tenue:
Guardassent bien quel fud le pru
6968   Ki de chastee lui iert venu.
Guarder se devrat cuintement
Ki vuldrat vivre chastement;
Ne se porrat par sei tenir,
6972   Mes tut lui en estoet fuir
Tant tost cum il se en aparcevrat
Que temptatiun lui vendrat.
Tut lui cuvient estre purveu
6976   De sei retreire cume de feu,
E de sei guarder ausi bien
Cum il freit de enragié chien,
Kar ki se met el feu ardant   *231r*
6980   U se prent vers chien mordant
Par le feu poet tost estre ars,

6954 e *erased before* ne   6980 chiens *with* s *erased*

E del chien tost estre mors.
Ne se fie en ceo nul
6984   Que rien peusse par sei sul:
Par cumbatre e cuntrester
Ne se en poet l'um delivrer!
Autre sens n'i ad mestier,
6988   Ne force pur sei alegier
Fors de fuir erraument,
Kar ne se tendrat autrement.
Issi le out lur mere feit
6992   Pur estre chaste — e fist a dreit —
Quant vilainie tant hai
Que sun pais pur ceo guerpi,
Partant la ad Deu reguardee
6996   Que de ses fiz est retruvee,
E ele ses fiz ad recunu
Que tut quidout aver perdu.
Mere e fiz ensemble sunt
7000   E grant joie ensemble unt;
Aprés cest avrunt la vie
U lur joie ne iert ja finie.
    Seint Pierre od sermun les retint
7004   Tant lunges que le vespre vint,
E quant tens fud de cuchier,
Tuz alerent reposer.